古道新韵

南粤古驿道水墨图式表现与研究

主编 张彦

嶺南美術出版社
中国·广州

图书在版编目（CIP）数据

古道新韵：南粤古驿道水墨图式表现与研究 / 张彦主编 . — 广州：岭南美术出版社，2020.8

ISBN 978-7-5362-6932-3

Ⅰ . ①古… Ⅱ . ①张… Ⅲ . ①古道—文化遗址—研究—广东 Ⅳ . ① K878.44

中国版本图书馆 CIP 数据核字（2019）第 261552 号

出 版 人：李健军
责任编辑：彭　辉
助理编辑：陈　璇
责任技编：罗文轩

主　　编：张　彦
副 主 编：金仁贵　黄富源　林江山
学术顾问：王　艾
特约编审：刘向上
文字编辑：梁志钦
设　　计：卢凤仪
打印校对：谭　宇

编辑委员会
主　　任：谢昌晶
委　　员：许敦平　刘文东　陈　朋
陈舒舒　林　霖　陈　钠
陈水兴　冯善书　陈晓勤
金　雯　张　静　韦玉婵
陈　星　张娉婷　尹德泉

古道新韵——南粤古驿道水墨图式表现与研究
GUDAO XINYUN NANYUE GUYIDAO SHUIMO TUSHI BIAOXIAN YU YANJIU

出版、总发行：岭南美术出版社　（网址：www.lnysw.net）
（广州市文德北路 170 号 3 楼　邮编：510045）
经　　销：全国新华书店
印　　刷：佛山市华禹彩印有限公司
版　　次：2020 年 8 月第 1 版
2020 年 8 月第 1 次印刷
开　　本：889mm × 1194mm　1/16
印　　张：8
印　　数：1-1000 册
字　　数：50 千字
ISBN 978-7-5362-6932-3

定　　价：158.00 元

主办单位

广州美术学院

广州美术学院南粤古驿道研究中心

协办单位

岭南美术出版社

前　言

文 / 张彦（广州美术学院中国画学院院长）

南粤古驿道，是指1913年以前广东境内用于传递文书、运输物资、人员往来的通路，包括水路和陆路，官道和民间古道。它们是历史上岭南地区对外经济往来、文化交流的通道，同时也是军事之路、商旅之路，更是民族迁徙、融合之路。留存的古驿道遗址及其相关的古驿道文化，已经成为广东历史发展的重要缩影和文化脉络的延续。

从2016年开始，广东省率先开展系统的南粤古驿道保护修复和活化利用，先后重点修复了梅关古道、乌迳古道、西京古道、秦汉古道、潮惠古道、岐澳古道、广韶古道、双鱼城海防古道等18条共28段古驿道线路以及樟林古港、台山海口埠、黄埔古港、徐闻古港4大古港，并开始了系列有成效的活化利用。几年的时间，南粤古驿道保护利用工作成为广东展示文化自信、助推乡村振兴、带动全域旅游等工作的重要抓手，孕育了丰硕的成果。其实，除了古驿道本身，其辐射的沿线岭南地区，拥有丰富的自然和历史文化资源。从禅宗文化、道教文化到客家、潮汕等民系文化应有尽有。尤其是广东作为近现代以来拥有优良革命历史传统的地区，古道上还有丰富的红色文化等等。

正如习近平总书记在广西考察时所言："让文物说话，让历史说话，让文化说话"。岭南地区的中国画学统，在岭南画派"折衷中西、融汇古今、表现生活"的理念基础上，多年来已经形成一批关注地缘特色，注重笔墨与实景结合并在此基础上有一定实践经验的艺术家群体。通过水墨语言，以现场写生来叙述古驿道及古建筑，以及展现当地人文文化的风光与历史变迁。既能表现古驿道上的历史遗存现状，同时也在图像的层面上讲述古驿道上相关的历史与文化，使观众和读者能更直观地感受古驿道的文化魅力。

本课题在广东省自然资源厅的大力支持下，广州美术学院中国画学院、南粤古驿道研究中心组织联络高校的专家学者进行充分的讨论与研究准备，长时间的调研、写生、创作与系统性地归纳整理，收录多位艺术家针对南粤古驿道的中国画作品，并邀请理论家对相关主题进行研究和评价，属于一次开创性的尝试，也是南粤古驿道文化与岭南中国画创作的一次碰撞与交融。希望这本书能给大家一些启发，并引起各界文化人士进一步关注和发掘南粤古驿道的魅力及背后的文化价值。在此谨感谢广东省自然资源厅、各相关单位与创作者、研究者对本课题研究的大力支持，也希望关于地域性的视觉课题能继续层出不穷，继续发扬光大中华优秀传统文化，推动艺术家们参与和行走在建立文化自信、民族自信的光辉道路之上。

目　　录

第一章　南粤古道行

2　历史图景与水墨图式
——南粤古驿道写生感言（文／张彦）

4　文化遗产的阐释与再现
——南粤古驿道与岭南画学的“写生”因缘（文／王艾）

第二章　南粤古驿道水墨图式表现

第一节　水墨图式视角下的古道人文历史及古建筑

9　梅关古道简介
9　珠玑古巷简介
15　罗浮山古道简介
19　樟林古港简介
19　饶平陈塘桥简介
25　潮惠古道（海丰羊蹄岭段）简介
25　肇庆西江古道简介
30　南粤古驿道：永不落幕的自然历史博物馆（文／冯善书）

第二节　红色文化
——影响近代中国命运、凝固国家记忆

39　梅关古道的红色文化
41　粤赣古道（平远段）的红色文化
53　粤东的红色文化
78　关通南北　艺以载道（文／梁志钦）

第三节　古驿道的农耕文化与民俗风情

81　珠玑古巷的农耕文化与宗祠文化
81　罗浮山古道的葛洪与中医文化
85　汤显祖岭南行
87　粤赣古道（平远段）美丽乡村
89　南粤古驿道写生创作行（文／刘向上）

第四节　古驿道的自然资源

91　梅关古道的自然资源
95　粤赣古道（平远段）的自然资源
97　潮惠古道（海丰羊蹄岭段）的自然资源
100　探寻南粤历史之根，追溯岭南精神之魂
——走梅关古道有感（文／陈晓勤）

第三章　探源古道、振兴乡村
——师生调研记录

104　相约古道行，寻历史之根
——南粤古驿道文化调研小记（文／金雯）
108　台山海口埠・调研实践记录
110　岐澳古道（中山段）・调研实践记录
112　岐澳古道（珠海段）・调研实践记录

后记（文／金仁贵）

第一章

CHAPTER ONE

南粤古道行

古驿道是中华民族不折不挠的精神符号，而水墨的图式是民族文化特有的符号之一。水墨对景写生，是将客观的对象真实性和个人的文化修养和认识有机结合表现的一种独特的艺术形式。

历史图景与水墨图式
——南粤古驿道写生感言

文 / 张彦（广州美术学院中国画学院院长）

岭南画学的特点之一，就是用笔墨表现生活，表现时代记录和弘扬时代精神及传统文化。这是岭南画坛数代前辈在百年来多次历史、社会的变迁浪潮中，一次次的尝试与发展总结出来的优秀传统。而水墨“对景写生”正是这一传统的具体呈现。民国时期，“二高一陈”面临数百年画坛沉淀的种种弊端，提出“折衷中西、融汇古今”的口号来进行改革，并大胆以写生手法切入对画面视觉语言的改变。关山月、黎雄才二位后继者，则在时代的洪流中归纳总结出一套有效的方法，使这种传承得以发扬。关山月先生对抗战场景及新中国建设的描绘，黎雄才先生《武汉防汛图》等一系列的皇皇巨作无不透露出这一学术命题——即以写生的方法去表达时代是艺术家有效切入历史图景的手段。而这一传统也一直影响着后来的岭南画坛。

然而，以水墨写生的手法去认识、表现和研究南粤古驿道的现状和历史，这一课题给当下的艺术家们依然带来了许多难题。首先是怎样能准确地表现好古驿道的现状。这不单是要了解其历史的来源、古驿道所发生的真实故事，同时还需要作者有对传统中国画技巧有深刻的了解和掌握，并有着丰富的现场写生经验；其二，如何在此基础上进一步升华，再现其岁月的沧桑和精神，与水墨艺术达到统一，即古人所言“外师造化，中得心源”的艺术高度。

时代的变迁虽然使岭南古驿道的喧哗变为沉寂。但当代艺术家的情怀早已超越传统山水画的审美趣味，在践行写生这一岭南画坛传统的同时，依然关注着现实生活，感悟历史对笔墨的影响和推动。古驿道写生中，我们除了看到各个古驿道线路历史痕迹的沉淀，更多的还包括20世纪轰轰烈烈的人民革命运动留下的红色记忆。

譬如在粤赣古道（平远段）上红军留下的抗日标语，潮汕地区“左联”先驱者的故居，还有在赣闽粤三省边界上的通向瑞金及上海的红色秘密交通线等。犹记得在梅州平远县热拓镇的韩坑岽古驿道写生时，亲身体验了这条红军转移到蕉岭、古田的主干线。韩坑村坑头水库到达蕉岭县百丈礤的路上，沿途的古驿道遗址中，就有1929年12月，红四军打游击经过时用草鞋写下的革命红色标语，现存十三条，内容多为宣传共产党和红军的性质、宗旨、任务和革命的主张。标语至今还闪耀醒目，革命者与民族先驱者坚韧的精神与古道的沧桑相互辉映。

潮州古城之中，在寻常和略显陈旧的街巷中隐藏着李春涛、柯柏年等“左联”革命先驱的故居。当年周恩来同志曾居住的房间，至今保存完好，在那斑驳的墙壁上，仿佛看到革命者的身影，为着革命理想而忙碌着。

在戴平万故居、溪口渡纪念亭中，曾写生至日落乃至深夜，最后借助手机的灯光完成。韩江岸边的袅袅炊烟，也丰富着画面的虚实。先辈们的背影仿佛在夜幕中闪现，乘舟远行前往上海及红色秘密交通线。而革命先驱彭湃的故乡，无论是“红宫遗址”还是故居乃至“得趣书屋”，岭南特有的木棉树依然盛开朵朵红花，成为表现那个火红革命年代的最佳配角。

可以说，以写生的方式认识南粤古驿道，通过亲临现场的真实感，回顾那个风雷激荡的年代，融合个人的感受，最终呈现为水墨作品，是其他艺术形式不可替代

张彦 / 湘子桥　69 cm × 138 cm

的。尤其是在表现大革命时期古驿道周围的红色遗存和革命先驱的故居，更有着把岭南画学和历史图景相结合的独特意义。

古驿道是中华民族不折不挠的精神符号，而水墨的图式是民族文化特有的符号之一。水墨对景写生，是将客观对象的真实性和个人的文化修养和认识有机结合表现的一种独特的艺术形式。它不是照相和文字，而是联合历史、文化、笔墨，把眼前实景的“真实”转化成让人感受艺术的“真诚”。在表现古驿道的沧桑和当代人的人间烟火、现实生活方面，用传统的笔墨去诉说所见、所闻，无疑是对历史、对文化、对先辈最好的记忆和阐释。而中国画艺术也借助这样的机会，在时代进步的道路上继续不断扩充自身的丰富性和可读性。

文化遗产的阐释与再现
——南粤古驿道与岭南画学的“写生”因缘

文 / 王艾（广州美术学院中国画学院岭南画派研究中心主任）

对景写生是架上绘画艺术常见的一种创作手段，并且在当下，亦已成为中国画教学、创作系统重要的一环。尤其是在广东的中国画创作群体里面，已经形成了一个擅长用水墨语言形式对景写生、并不断扩充创作题材的艺术家群体。他们大都出身于以岭南画派的核心理念为基础而发展形成的广州美术学院中国画专业，并在近年来致力于一个饶有趣味的课题——以南粤古驿道为创作对象，结合历史、文化和现实生活元素，产生了一系列水墨作品成果。

回顾历史的渊源，尽管“写生”在传统中国画的创作中早有体现，但最早主要是用以指代对花鸟题材的一种观察和表现手法。而山水画虽在宋代已经达到一个表现自然和现实生活气息的艺术高峰，但同时从大量宋代的画论可以看出，不管是郭若虚在《图画见闻志》中提出的：“骨法用笔以下五法可学，如其气韵，必在生知，固不可以巧密得，复不可以岁月到。”“人品既已高矣，气韵不得不高；气韵既已高矣，生动不得不至。”这样强调视觉因素与绘画技巧之外修养重要性的理念，抑或是苏东坡“诗中有画、画中有诗”“论画以形似，见于儿童邻”这样注重文学性与抛弃写实性的论调，实际上都在理念上已经埋下了山水画与自然和现实之间脱钩的起端。元代以降“书画同源”的精神指引下，再而由南北宗论和“四王”一路画风推波助澜，至清末时，山水画已经退化成为一再的符号重复。

岭南前辈们的革新之路，正是面对着这样一个陈陈相因的沉颓局面，而发出了振聋发聩的呼声：“高举艺术革命的大纛，从广东发难起来！”无独有偶，“二高一陈”的画学启蒙，正是在重视花鸟画“写生”的居廉、居巢门下完成的。而高剑父的诸多有具体对象的作品，包括充满了象征意味和历史人文情怀的《东战场的烈焰》，也是以1932年第一次淞沪抗战时被日军烧毁的商务印书馆东方图书馆为原型。从画面大量的具体因素如废墟的处理以及民居的形制可以看出，高剑父应该进行了现场对景写生，归而整理草稿汇成此画。

在新中国建设时期，关山月、黎雄才先生亦有大量描绘时代风貌与历史事件的创作，其中写生的因素已经非常浓厚。著名的《武汉防汛图》尽管是数十米皇皇巨著，但有大量片段是现场对景写生完成，之后虽有再次过稿，但已经与写生稿高度重合。 而如《三门峡水库》一类格式如长卷，在视觉效果上更接近“超广角视野”的现场对景直接完成的写生作品，在技术的层面上宣布了“对景写生”在表现现实场景和结合中国画语言方面的最终成熟。类似的作品一直层出不穷到八十年代逐渐成为一种新的“正统主义”，成为了以岭南画派为核心的“岭南画学”的根基。

之后担任山水画教研工作的林丰俗，则有感于改革开放后不同以往的时代气息，结合其个人修养引入“田园情怀”与“人文关怀”的因素到一系列写生作品之中。这种结合了主题性创作经验和传统中国画精神的手法，开启了另外一种写生思路，并通过薪火相传，在之后的青年画家群体中形成了新的影响。张彦则是林氏的追随者中较早确定了自己创作方向的山水画家，在发掘域外题材和表现人文景观方面可谓当代画坛着力最深、实践最丰富的画家。实际上，所谓“岭南”山水画的特征在此时依然有非常明显的视觉优势，即通过对特定时空氛围的表现以及综合性的手法运用，将“时间”的因素和“空间”相结合，从而由对象本身的文化属性激发出一种超越时空限制的，隽永的文化韵味。

南粤古驿道，在一个恰当的时间段进入岭南地区中国画家的视野。由于对文化遗产保护的重视，以及在“文化自信”的政策鼓舞下，广东省对南粤古驿道的现状保护以及研究挖掘逐渐成为近年来文化界的热点。古驿道的肇始，本是来源于岭南地区由于地理特征以及地缘文化的相对独特性，与北方各省、中原地区在政治、军事、经济、民生方面交融、摩擦、来往而产生的独特历史现象。而广东地区本身“一地如三省”，广府文化、客家文化、潮汕文化特征分明的现象，更赋予了南粤古驿道复杂而具备多种解读性的魅力。

更为难得的是，广东地区在近代以来，已经从过往的南天一隅，变成了中国接触与进行现代化的窗口。而轰轰烈烈的革命浪潮，更是在广东地区留下了珍贵的红色记忆。本已开始逐渐退出历史舞台的古驿道，由于革命运动转折时期先行者们的转进，反而产生了新的嬗变。 因而在这样多重的文化情景交织下，结合实地考察、对景写生、理论研究的多重方式，以水墨作品为最终成型的结果，形成了“古道新韵——南粤古驿道水墨图式表现及研究”这样一个具有探索性质的课题。以张彦及广东中青年画家群体为主的艺术家们，多次前往分布在广东省内以及跨省交接处的古驿道进行考察，并居住多日体验当地的地缘文化、民间习俗，最终以一系列风格各异但目的统一的作品，完成了南粤古驿道这一历史遗产在中国画系统里面的再现与表现。

他们的努力与实践，既说明了对景写生这一艺术手法在今天依然有着可再发掘的学术空间，同时也证明，历史遗迹的价值除了实体本身，更有相当大的一部分在于如何与后来者、与当代的创作者产生互动，得到进一步的阐释和传播其文化涵义。希望以此次项目为发端，类似的尝试会越来越多地出现在当代的中国画创作者身上。这既是对岭南先辈画学精神的继承和发扬，也是如何讲好属于广东自己的故事，发扬粤地文化优势的契机。

第 二 章

CHAPTER TWO

南粤古驿道水墨图式表现

南粤古驿道文化遗产和驿道线路产生的历史事件、重要的历史人物和经贸往来都是中华民族历史记忆的重要组成部分，为活化驿道提供了更多的参考，领略岭南独特的文化景观和历史场景，画家们分别选取了十条南粤古驿道的重点线路，包括：梅关古道、乌迳古道、潮梅古道（饶平麒麟岭段）、樟林古港、潮惠古道（海丰羊蹄岭段）、罗浮山古道、肇庆西江古道、粤赣古道（平远段）、台山海口埠、岐澳古道(中山段）、香山古道（珠海凤凰山段）等进行调研、采风写生，并以图录的形式描绘与驿道往来联系而富有吸引力的人文历史古迹及古建筑、传统文化、红色文化、民俗风情与自然资源美景，深入挖掘古驿道的文化内涵，展现岭南历史的根与精神的魂。

第一节
水墨图式视角下的古道人文历史及古建筑

梅关古道 简介

梅关古道位于南雄市东北部，长38公里，南起迴澜门，北至梅关关楼，是古代连接长江、珠江两大水系的重要组成部分，也是海上丝绸之路和陆上丝绸之路的连接线。该线路精华段起点为珠玑镇聪辈虎踞桥，途径珠玑古巷、凤凰桥、208乡道、里东古街、灵潭驿站、角湾村、中站古村、泰源村、梅岭村、梅关古道景区，终点为梅关关楼，全长为24公里。梅关古道段串联了梅关关楼、“梅岭”碑刻、珠玑古巷和元帅亭等30余处红色、商贸、民俗等遗迹。

珠玑古巷 简介

珠玑巷，位于广东省南雄市珠玑镇珠玑村。珠玑古巷是全国三大寻根地之一，被誉为“中华文化驿站，天下广府根源”。景区内有不同朝代的古楼、古塔、古榕和古建筑物遗址等一批文物古迹、观光景点，是古代中原和江南通往岭南古驿道上的一个商业重镇、广府人的中转站、广东仅有的宋代古巷古道，有“广东第一巷”之美誉。该巷南起驷马桥，北至凤凰桥，全长1.5公里，是古代五岭南北梅关古道的必经之路，其古朴风貌犹存。

张彦 / 梅关　138 cm × 69 cm

梅关，是梅岭上的关隘，秦始皇三十三年，进军百越，统一南疆后，在梅岭要塞建立的岭南第一座关隘，又称横浦关。梅岭的“梅”，历史上有多种说法，在这之前，就有“台山”“台岭”的称谓。而相对最接近可信的说法，当属明代屈大均在《广东新语》里的说法，梅岭得名于越王勾践子孙，因避楚而更姓的梅涓，“越人重涓之贤，因称是岭曰梅岭”。虽然梅岭之名并非直接因梅花而得，但这里历代以梅花著称于世，却是不争的事实，漫山遍野、风姿绰约，三国东吴陆凯撰诗云：“折梅逢驿使，寄与陇头人，江南无所有，聊赠一枝春。”他既描述了当时“梅花国”的盛况，又导出了另一个事实，随着年代的推进，的确“折梅”越发增多，南雄知府陆世楷曾感叹“行人攀折、未便护持”使得梅花越来越少，而随着近年的重新栽种，“梅花国”重现眼帘。唐代诗人戴叔伦曾言：“红芳绿笋是行路，纵有啼猿听却幽。”张彦老师选择了垂直角度，一方面表现了岭南郁葱繁密的植被。另外，垂直的古道也暗示了上北下南，贯通往来的古道意义，而且选择强调古道的陡峭，也让曾一度“以载则曾不容轨，以运则负之以背”的艰难通行。进一步说明古代岭南与中原地区交流之艰难，同样反映出古驿道曾在南北交流中的巨大价值。

许敦平 / 梅关古道　69 cm × 69 cm

陈勇 / 梅关古道　69 cm × 69 cm

“唐时岭路宋时关”，唐代张九龄扩修岭路，宋代肇建并楼，直到宋代，这条通往南北的古道才有了正式的命名——“梅关”。梅关的意义除了“岭南第一关”的美誉，其更为重要的是其作为古道的存在，承载了两千年文人墨客乃至南北文化交融的变迁。苏东坡被贬南迁发出“梅花开尽白花开，过尽行人君不来”的感慨。许敦平《梅关古道》与陈勇的同题作品，前者选择了特写一株梅花，后者则突出局部近景，运用了以小见大，以一当十的叙述手法，并通过咏梅而带出千年古道的意蕴。透过梅花枝干空隙，远处古道如同卧龙盘缠在郁郁葱葱的南岭之上，画面三两行人的点景人物，勾勒出了“归来笑撚梅花嗅，春在枝头已十分”的意境。

画家杨锦浩《古道雄关》与画家陈水兴《南粤雄关》几乎采用了类似的构图，同样是通过繁密的岭南植被隐约勾勒出古道的深邃。但不同的是，杨锦浩采用了近乎重彩的颜色以渲染出梅关的繁花密林，两片墨绿的丛林左右分布，平衡了画面的重心，弯曲的古道一方面反映古道崎岖与历史的沧桑，另一方面更是打破了密林的横向分布格局，点、染、皴、擦的绘画手法在作品上运用得恰如其分，而与之不同的是，陈水兴《南粤雄关》则充分探索了“墨分五色”的中国水墨画特性，偶尔可看到局部地方有着色，但纯墨色的密林，互相叠加，错综复杂，渲染、勾勒、点、擦各种手法使得画面繁而不乱。作品虽没有明显的方向格局，略为隐藏着左右分割，但繁花密林早已模糊了边界，这也是岭南植被的现实映照。

杨锦浩 / 古道雄关　69 cm × 69 cm

陈水兴 / 南粤雄关　69 cm × 69 cm

张静 / 梅关　69 cm × 139 cm

张静作品《梅关》选取了梅花盛开、春色满园的梅关全景，饱满的构图、繁枝密叶、郁郁葱葱的盛景成为了梅关强大生命力的印证。路上往来的点景人物成为了当代梅关活化古道的鲜活反映。

梅关古道旁的山坳中，有一座“六祖寺”，其与韶关曲江县（今曲江区）南华寺同出一祖。相传六祖惠能得到五祖的衣钵后，为逃离北宗神秀的追杀，奋力南逃，逃至梅岭时，早已筋疲力尽、口渴难耐，于是用锡杖一敲，甘泉喷涌。而在此时，神秀追兵已赶至梅岭。只见一个武夫和尚追杀过来，惠能急中生智，把袈裟披在一块大石头上，自己躲在一旁。和尚慑于佛法未敢取动衣钵，向惠能跪拜：“我非为衣钵而来，为法而来。”六祖原谅了他，安排他断绝神秀追兵，自己则继续南下。后人感顽石之灵，名之曰“衣钵石”；叹锡杖之妙，把那股清泉名曰“锡杖泉”；念佛法无边，便在梅岭建“六祖寺”供奉佛法，纪念六祖。画家苏卫关《梅岭六祖寺，挂角衣钵亭》正是反映了上述故事，虽然画面没有描写具体的事件，但通过选景角度，以及题画诗句，无疑缩短了千年的时间距离，对着当今的“六祖寺”，或许能让观者对慧能昔日求法归来境遇的钩沉。

苏卫关 / 梅岭六祖寺，挂角衣钵亭　49 cm × 49 cm

庞小亮 / 梅关残照　75 cm × 72 cm

20 世纪 30 年代，陈毅带领工农红军在梅岭与敌人打游击，由于当时自然环境艰辛，并持续遭受敌人的重兵包围，“虑不得脱，得诗三首留衣底”，从而写出经典诗句《梅岭三章》，“旋解围”。画家庞小亮《梅关残照》通过血红色调，映衬了当年红军征战敌人“血雨腥风应有涯……人间遍种自由花”的雄风岁月，把一贯秀丽温润的岭南风光，代之以雄阔壮丽，具有史诗色彩的英雄形象，更深一层地表达了“梅花香自苦寒来”的精神品格，而《梅关残照》更是直接道破当年陈毅“南国烽烟正十年，此头须向国门悬。后死诸君多努力，捷报飞来当纸钱”的胸襟气概。

尹固楼 / 梅岭幽境　69 cm × 69 cm

郭沫若曾撰诗称岭南梅花谓“十里梅花浑似雪”，岭南的“雪”有独特的特点，又言“雪本无香也说香”，梅岭浓密的梅花，盛开时节，白茫茫一片，如同雪花压枝却不折枝，既有纷繁雪景之美，又因繁茂而愈显幽深，并飘来阵阵香气，画家尹固楼《梅岭幽境》捕捉此意境，诠释了梅岭的另一番景象。

罗浮山古道 简介

惠州罗浮山雄峙于岭南中南部，坐临南海大亚湾，毗邻惠州西湖。汉代司马迁曰：“罗浮汉佐命南岳，天下十山之一。”

罗浮山古道重点线路精华段全长约9.86公里，起点为罗浮山朱明洞景点入口，终点为拨云寺。现保存较完好的有拨云寺古道和飞云顶古道，另有南楼寺古道、骆驼峰古道等遗存依稀可辨。

罗浮山古道重点线路总长19.03公里，主要位于惠州市罗浮山。罗浮山位于东江之滨，离惠州市博罗县城35公里，与增城、龙门接壤。罗浮山奇峰怪石、名泉飞瀑、洞天奇鐰，素有“岭南第一山”之称。北宋大家苏轼曾在此留下“罗浮山下四时春，卢橘杨梅次第新。日啖荔枝三百颗，不辞长作岭南人”的名句。

北宋郭熙在《林泉高致》里提出的“三远法”是中国绘画中独特的宇宙观，杨锦浩《罗浮雾韵》采用全景式山水构图方式，把岭南罗浮的巍峨耸立得以强化，充分借用了“高远”之妙，所谓高远，就是“自山下仰山巅”，反映的是一种仰视所见的巍峨宏伟的山势。画家虽然运用了传统北方山水关照自然的方式表现岭南大山，但同时又保留了岭南繁花密林的特点，这跟元代王蒙表现罗浮山的《稚川移居图》不同，王蒙有没有到过罗浮山，至今未有史料证明，或许可推断其作品只是其心之所向的反映，依托的还是北方山水形貌而加之对岭南植被的想象。《罗浮雾韵》除了继承中国画“写心”的传统外，还在写生的基础上，有了提炼和归纳，使之尤具岭南特色。

杨锦浩 / 罗浮雾韵　69 cm × 69 cm

黄富源 / 罗浮山古驿道　69 cm × 69 cm

画家黄富源《罗浮山古道》与张仓健《罗浮山古驿道途中写生》虽然两幅画处理手法截然不同，但它们对古建筑的具体刻画，通过建筑的时代风格来凸显古驿道的历史，却略有相似。罗浮山在历史文化上被称为“神仙之山”，吸引了历代文人墨客慕名前往。哪怕李白、杜甫没有亲历罗浮，都对罗浮之隐充满仰慕之情。而宋以后随着贬谪岭南的文人增多，融游山玩水与访仙慕道于一体，罗浮山更是成为岭外文人南游的首选之地。作品《罗浮山古道》通过对依山而建的数座古建筑的细细刻画，在中国传统笔墨上融入了西方绘画的透视与造型塑造，使得画面场景尤为真实，俨然可让人联想古代文人墨客远游到此的生活场景，营造了“可居”“可游”“可行”“可望”的画中之景。而作品《罗浮山古驿道途中写生》的独特构图，则与“罗浮仙山”之名更为契合。其前景三五古建筑实在如生活一角，而随着远山的延绵，“深远”的推进，甚至与云雾连成一片，难分天地，正如宋代诗人杨万里在《罗浮山》一诗中说：“罗浮元不是罗浮，自是道家古蓬丘。弱水只知断舟楫，葛仙夜偷来惠州……我欲骑麟翳鸾凤，月为环佩星为从。前驱子晋后安期，飞上峰头斸丹汞。”使得罗浮山极具神秘之感。

黄富源 /

罗浮山古道　69 cm × 69 cm（上）

张仓健 /

罗浮山古驿道途中写生　137 cm × 67 cm（下）

宋代以前关于罗浮山的书写都来自岭外文人，他们笔下的罗浮山是神仙之山、隐逸之山，可谓钟灵毓秀，奇峰峻秀，金仁贵《古道遗韵》把这一意境发挥到极致。

魏晋时期神仙道教的代表人物葛洪辞官隐居于此，炼丹采药，建观授徒，著述不辍，自此之后，罗浮山名传渐远，历代不断有人上山建寺修观，而且香火十分旺盛，遂形成九寺十八观的宏大景观，使罗浮山成为古代道教圣地，被誉为“第七洞天”“第三十四福地”，名闻遐迩。据《广东新语》载：“蓬莱有三别岛，浮山其一也。太古时，浮山自东海浮来，与罗山合，崖巘皆为一……《汉志》云：博罗有罗山。以浮山自会稽浮来傅之，故名罗浮。”

虽然作品《古道遗韵》为方形构图，但其右边对高山的精心刻画与左边辽阔无垠的群山形成了强烈的对比，既突出了“高远”，同时“平远”与“深远”也得到了延展。其画山笔墨略有元人遗韵，而画树与山石则融入了清人的笔法，而其对天空进行的渲染处理手法，更使得画面气氛更具神秘与隐逸气氛。这与画家郜笑寒《罗浮山写生》大有不同，郜笑寒选取了当代罗浮一景，把现实的罗浮山定格在了水墨氤氲中，作品尤为特别的地方是用笔方向几乎一致，画了不同的事物，或可以理解为“米点皴”的当代转化，但其墨分五色，干湿浓淡的处理确实是其作品一大特色。

金仁贵 / 古道遗韵　69 cm × 69 cm

郜笑寒 / 罗浮山写生　68 cm × 67 cm

樟林古港 简介

樟林古港位于汕头市澄海区东里镇，港埠面积约2平方公里，古时因“遍地樟木，枫灌成林”而得名。此处宋代就已是潮州东部的盐业中心，明万历年间近海渔业大有发展，迅速成为“渔鲜盈市”的埠头。最终兴起于康熙后期，繁荣时间跨越了雍正、乾隆、嘉庆、道光等四代皇帝。清代的中暹贸易，以及潮汕地区与安南(越南)、新加波、马来西亚、吕宋等东南亚国家的海上贸易，主要集中在樟林港进行。潮汕人、客家人移居上述东南亚国家，也都是从樟林港始发。清中叶的樟林港，与南宋时期的福建泉州港、元明时的漳州月港共同被誉为中国海上丝绸之路的三个重要起源地。

历经两个世纪的变迁，樟林古港的新兴街繁华不再，但遗迹犹存。樟林古港的新兴街是潮人飘洋过海出国谋生的历史见证，吸引成千上万的人前来寻根认祖。如今，樟林古港新兴街的文化历史价值已引起当地政府部门的高度重视，将其列入开发建设樟林古港旅游景区的一部分予以规划实施。

饶平陈塘桥 简介

陈塘桥位于广东省潮州市饶平县钱东镇的钱塘村，钱塘村紧挨小东村、西港村，人勤物丰，友好好客，气候温和，社会和谐稳定，是一个非常具有古代人文气息的村落。

陈塘桥结构完好，桥长28米、宽1.6米、高7米、6墩5孔，是由多条石板铺设而成，桥与溢流平堤、横跨连成整体，是架起钱塘村人前往镇区的一条交通要道。它横跨钱塘、小东两个乡里，是两乡的一个分界线。尽管现村里道路通畅，来往方便，但许多人仍然会选择从坚固完好的陈塘桥作为去镇区的路。拥有765年的历史，如今依旧完好无损，陈塘桥的建造也是当年劳动人民的智慧结晶，建筑结构值得考究。

樟林古港是历史上粤东第一大港，樟林位于澄海东北部，唐代是个海滨渔村，宋代盐业鼎盛，19 世纪中叶，大英帝国出版的世界地图上，粤东的港口，只标注了樟林的名字，与广州港南北呼应。在当时，国外来信只需写上“中国樟林”即可直接送达。作为南粤古驿道之一，严格说来，樟林古港的新兴街，只是“海上丝绸之路”在陆地上的接触和延伸点，连接起了沿海与内陆、海外的经济通道。樟林位于汕头市澄海区东北部，因“遍地樟木，枞灌成林”而得名。北与饶平、潮安接壤，与闽西南、赣东南为咫尺之邻；东北迳通南海，畅达五洲重洋。

画家林霖的作品《樟林古港新兴街印象》与画家陈舒舒的《樟林古港》分别选择了直面极具年代感的建筑与港区，泛黄的外墙成为了当地建筑一大特色。前者在对建筑的定格勾勒中，也把当代繁荣的旅游事业进行了交代，画中人物生动有趣，鲜活地展示了当地热闹的来往现状。而后者则选取了无人一角，但建筑横跨画幅左右，在横构图的作品中，建筑横卧在中央，使得画面分成了上、中、下三个组成部分，让观众有了一种直面历史的视觉压迫感，在画面的偏右侧一株泛绿的树木打破了严肃的格局，使得本来肃穆的画面有了几分生气，或者是一种当代生活与历史对话的暗示，树木在严肃的、具有时间积淀的古建筑群中，正在茁壮成长。

陈舒舒 / 樟林古港　33 cm × 66 cm

林霖 / 樟林古港新兴街印象　44 cm × 67 cm

钱塘位于潮州市饶平县钱东镇。饶平县南与樟林接壤，是樟林古港的重要组成。在樟林古港，非常幸运地还有一座宋桥保留至今，今天走在上面，不禁有种与千年前大宋历史的对话之感。画家潘飞炀、金仁贵、刘文东、刘国姿、刘欣池、林江山分别对宋桥进行了不同角度的表现。

刘文东通过近景郁郁葱葱、绿树成荫的树林传达出春雨中的宋桥。这样一座桥，经历了千年的风风雨雨，至今仍然屹立不倒，一方面透露出其顽强意志，另一方面，也暗示了樟林古港哪怕历经千年，至今仍然生生不息。而在刘国姿笔下的宋桥，则是一座减法的宋桥，在他的画面中，在几乎纯水墨的表达下，没有古建筑的映衬，只有三两树木的陪伴，远处连绵起伏的丘陵似乎一下又使得画面重回了那个属于宋桥风华正茂的年代，在宋代时的这里，正是如此这般的状态。

潘飞炀笔下的宋桥与古树形成了历史的延续关系，画家对繁盛古树进行了细致刻画，在树下的空隙中，透出了宋桥的部分身影，远处还有古建筑的映衬，使得整幅画处于历史长河的不同节点中，不同的事物正在记录不同年代的面貌。而金仁贵的《宋桥古韵》，与之有着完全不同的考虑，前者企图把时间与历史压缩在极小的区域内，而后者则试图敞开视野，把历史与时间放在当代的较大视觉中，画面在一个外墙泛黄、顶着黑瓦的建筑群的映衬下，宋桥横亘在远处的宽阔的河流上，并通过桥上生动的点景人物活化了千年古桥。而前方的建筑群则有着现代平面构成般的视觉审美，使得画面具有了节奏感，这种现代的审美与具有千

刘文东 / 宋桥春雨　69 cm × 69 cm

年历史的宋桥进行了不同时空的对话，也是画家可以营造的思维矛盾之一。

画家杨锦浩的作品《宋桥》通过水域与民居构成的视觉对比，反映了当代钱塘村的风貌特色。大片绿水与古旧建筑的黑瓦白墙形成了鲜明的对比，繁盛的树木渲染群青，增加了乡村里幽深之感。

刘国姿 / 宋桥　69 cm × 69 cm

潘飞炀 / 宋桥　69 cm × 69 cm

金仁贵 / 宋桥古韵　69 cm × 69 cm

杨锦浩 / 宋桥　69 cm × 69 cm

刘欣池对“宋桥一景”多了几分想象，通过马拉车与古木船的点缀，强化了历史感，而林江山的《宋桥》则有了一种隐匿在历史的迷雾当中，记忆或是清晰的，但细节却多了几分朦胧，历史如梦幻一般，正随时间的推移而消逝。

刘欣池 / 宋桥小景一则　55.5 cm × 69 cm

林江山 / 宋桥　45 cm × 66 cm

潮惠古道（海丰羊蹄岭段）简介

汕尾海丰羊蹄岭—惠州惠东高潭古道重点线路全场107.96公里。古道自然风光俊秀，拥有深厚历史文化底蕴。汕尾羊蹄岭古道开凿于汉代，清代设防驻兵，建东西关及总关，至今已有两千多年历史，是古代闽粤官道要冲。惠州高潭古道被称为“红军路”，所在地高潭镇被誉为“东江红都”和“红色心脏”，见证了红军迁徙和逐步发展壮大的历史。

肇庆西江古道简介

西江流经肇庆全境，它的北岸为肇庆市区，南岸为高要城区，这段江面风景秀丽，名胜古迹众多。

肇庆八卦村，又名黎槎村，是散落在西江之滨别具特色的岭南古村落，四面环水，仅有南北两个出口与外界相连，其布局则仿照《周易》中太极八卦的乾、坤、震、巽、坎、离、艮、兑的卦形，临水而建，黎槎村建于宋朝，距今已经700多年的历史，现居住着2000多位村民。位于高要市回龙镇肇江公路旁，与广新农业生态园近在咫尺。

黎槎村布局以水为脉，以屋墙为围，以石为基。该村外围有大沙河和绕村池塘，总面积达10000多平方米，既可养鱼，又可美化环境，更重要的是起到护村抗敌的防御作用。为防贼人滋扰或外族侵犯，不建围墙防卫，而是以本村最外围的一层房屋外墙作防护墙，该村落的门楼及附近的房屋和主巷道都是以石为基础。在10个门楼中除“遂德坊”门楼外，多用花岗岩或红砂石砌筑房基，在门楼内、外巷道上都用咸水石或红砂石铺砌路面。

张彦 / 羚羊峡古驿道　138 cm × 69 cm

莽莽荒野，涛涛林海。西江古道是南粤古驿道中，一条重要的内陆水上航道，宋代米芾南下端州寻觅端砚，正是沿着西江而至肇庆。张彦老师的作品《羚羊峡古驿道》与陈舒舒老师的作品《莽莽驿道》，风格差异极大，但可理解为从不同角度对西江古道进行了诠释。其一画面全幅绿色缓缓流淌，一如高空俯瞰西江全景，丘陵地带的植被郁郁葱葱，繁林密布。其二，画家选取了西江雄阔一角，通过百舸争流反映西江航道的繁华景象，而陡峭的山边，或是行人游赏，或是白鸟飞翔，或是渔夫泛舟，再配以苍劲松林，正是当代美好生活的真实写照。

画家易晓煊的作品《秋山烟霭》，何沅蔚的作品《古村水道》，黄密珅的作品《古村写韵》分别对古村角落进行了勾勒。易晓煊与黄密珅的作品均选择了以古老榕树作为主要表现对象，附设古旧建筑，以突出古村韵味。而何沅蔚则着重表现古建筑群在水乡中的存在状态。在古树与小船的映衬下，画面古意跃然纸上。

陈舒舒 / 莽莽驿道　44 cm × 68 cm

易晓煊 / 秋山烟靄　69 cm × 69 cm

何沅蔚 / 古村水道　69 cm × 69 cm

黄密珅 / 古村写韵　69 cm × 69 cm

任兆国 / 羚羊峡　69 cm × 69 cm

南粤古驿道：永不落幕的自然历史博物馆

文／冯善书（南方日报记者）

2018年12月18日，海风轻轻抚摸着江门市台山上川岛北侧的大洲湾遗址，在这片近百平方米的海滩上，临时搭起了一座两层高的木楼，楼内的玻璃地面下，陈列着一大堆大洲湾近年发掘的瓷器碎片。

此前，即使是上川本地的岛民都未必知道，这片被海水侵蚀得面目全非的古遗址，是几百年前中葡瓷器交易的重要场所。据广东省文物考古研究所专家考证，大洲湾遗址实为南粤古驿道和海上丝绸之路的交汇点。由于明代实行海禁政策，外来船只不能靠岸，于是沿着海上丝绸之路而来的葡萄牙人只能在离岸9海里的上川岛登陆，建立贸易基地，使得上川岛成为比澳门更早的中葡贸易区。

一场文化和考古领域颇为关注的学术研讨会在台山召开，台山大洲湾遗址、肇庆古城驿道遗址、韶关莱山遗址六朝墓群、河源市上正村古遗址群和何新屋地契、广州市莲花书院遗址和夏街古道、汕头市樟林古港古码头遗址、梅州市大眉山古道、阳江市通真岩“唐宋纪年”摩崖石刻、英德市波罗古道等一批广东省境内古道及其沿线1000米以内的历史实物遗存，被广东省有关部门评定为南粤古驿道15个重大考古发现。

这15个重大考古发现，从多个角度展现了南粤古驿道丰富的文化遗产价值，同时亦以考古和实证的方式向外界宣示，南粤古驿道的开发和拓展，不仅是岭南纳入国家大一统、中国统一多民族国家形成发展的独特历史见证，更是促使岭南地区熔中原文化、南越文化、楚文化、巴蜀文化、海外文化等多种文化于一炉，最终形成岭南文化的重要物质载体和见证。

被遗忘在荒野的珍贵文化遗产

长亭外，古道边，芳草碧连天。

曾几何时，散布在全省的906处古驿道遗存和233条古驿道，只不过是一些早已被人们遗忘在荒野的珍贵历史文化遗产。

南岭逶迤，五岭纵横，在湘赣与桂粤间，自古形成诸多通道。在粤西北的乳源境内，有一条贯通南北，经历一千多年沧海桑田的西京古道，在幽深的山谷里时断时续，逶迤走来，逢山开道，遇水搭桥。直到今天，那些青幽斑驳的石板路上，仍然屹立着一座座保存完好的石亭，背靠着山脊，等待着路人前来纳凉避雨。

所谓“西京”是指古代中国的京城，东汉、隋、唐时期政治、经济文化中心在今陕西省的西安市，五代晋至北宋的西京，是指今河南省的洛阳市。“西京古道”即为当地上京城的道路。

2018年，一部由央视精心打造的航拍纪录片，勾起了人们对唐玄宗不惜劳民伤财为杨贵妃供应荔枝那段往事的追忆。诗人杜牧《过华清宫》绝句有写：“长安回望绣成堆，山顶千门次第开。一骑红尘妃子笑，无人知是荔枝来。”或许因为这一骑红尘运荔枝走的正是西京古道，由此才激起了更多年轻人对这些古老而珍贵的文化遗产的兴趣和关注。

在中国历史上，商周以来，岭南的越族及其先民，便与中原商周王朝，以及长江流域的吴、越、楚国，有着日趋频繁的经济文化往来。据乳源当地的文史学者、广东“三师”专业志愿者许化鹏先生考证，当时除东南面的通道外，粤北粤西地区尤其是著名的“湘桂走

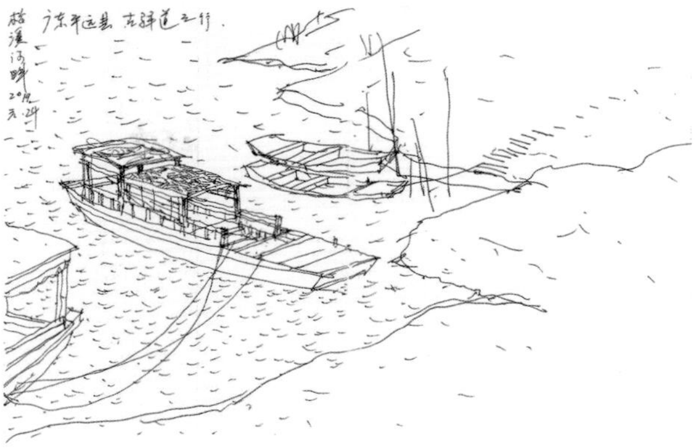

张彦 / 速写

廊”，自古以来就有陆路和水路的南北通道。古代中原和两湖江西到广州等岭南区域，走的主要是翻越蔚岭的西京古道和翻越大庾岭的梅关古道这两条路。

西京古道作为广东省文物保护单位，主要位于韶关市乳源瑶族自治县和乐昌市境内，自含洭（今英德县西）起，途经浈阳（今英德县东）、曲江、凤田岭（今乳源县境）、深源入今乐昌市云岩镇出水岩、梅花、关春、清洞、管埠、老坪石、武阳司，达湖南省宜章县至郴州，全程500余里，史称“西京路”“石阶路”，是“上通三楚，下达百粤”的“必由之路”。

笔者曾多次与许化鹏等“三师”志愿者实地考察西京古道。在经历千百年的沧海桑田之后，现实中“西京古道”逢山开道、遇水搭桥的气势依然在崇山峻岭之间展露无遗，沿途的村庄、桥梁、凉亭、古宅亦似有当年繁华商贸的浮光掠影。只不过，这些多数都不在当代年轻人的记忆中了。2017年至今，与西京古道相关的一些重要段落才陆续被当地的文物部门“重新发现”，譬如侯公渡石门坳古道、大布坟头坳古道、大桥麒麟山古道和南水水库底因水位下降露出水面的千年古道等。

历史浩瀚如长河，被忽视的岂只是一条西京古道。在逶迤险峻的南岭山脉，有一座雄奇的山岭坐落在清远市连州境内，名为骑田岭，是秦代五岭之一。古时这里不但是中原进入南越的关隘，而且是中原与岭南的分水岭。海拔1500多米的高峰将岭南岭北截然分开，一过了骑田岭连气候冷暖都立刻有所不同。在骑田岭南麓的顺头岭山上，至今还存留着完好的古道，从山脚的“白土脚”到山顶的“南天门”，共有8800多级石级，近三公里的盘山石道。2000多年前，这里不仅走过了50万的秦朝铁军，同时也是赵佗自立为南越武王的必争军事要道。汉代以后，骑田岭古道作为沟通中原与岭南的重要通道，以它为缘起和桥梁，多次发生了影响中国历史的重大事件，为中国的统一做出了重要贡献，从而奠定了它在中国历史上的地位。

不过，在2016年“南粤古驿道保护和活化利用”被正式纳入广东省政府的重要工作前，这条曾经让几代皇朝动荡、让无数英雄气短、并被有些学者认为衔接中原与岭南最早的古驿道，并没有引起过多少现代人的关注和重视。

连州是广东省历史文化名城，境内历史文物遗址较多。但有社会人士却感叹：“无情的岁月，萋萋的芳草，不知将多少古郡连州的秘密和痕迹隐藏在泥淖和蒿莱之中。”2018年春，当地文史人员在星子镇至瑶安乡的崇山峻岭之中便新发现了一条叫“七里塝古道”、全长近10公里的青石板路，不仅保存完好，而且石料选材精美，沿途还有多座古桥、古亭及古堡关卡。据专家考证，这段古道应是连州秦汉古道的其中一段。

最近三年来，在江门台山海口埠、罗定鸡梯岭、汕头樟林古港、河源九连山等其他地方，越来越多的被历史沉封已久的古道遗存由于相继被人们“发现”而重见天日……而随着15个南粤古驿道重大考古发现在2018年年底的公开发布，则让更多人认识到了南粤古驿道的文化遗产价值。

张彦 / 速写

实际上，一直被外界视为“文化沙漠”的广东，境内有着丰富的古道文化遗存。2018年3月，广东省文物局在汇总全省文物行政部门调查现存古驿道及其沿线文物古迹保存状况时就发现，南粤古驿道沿线历史遗存丰富、种类繁多，包括有驿道本体、驿站、驿亭、古关、指路石、古桥、碑刻、标语、古遗址、古墓葬、古码头、古建筑、近现代重要史迹、古镇和古村落等实物遗存。

据该局此前不完全统计，广东现存古道本体共计233条，其中属于近年新发现的至少有135条，目前这个数字仍然在增长。在现存的长达710.44公里的古道本体当中，秦汉时期古道遗存就有32条，总长139.94公里；隋唐时期古道遗存共7条，总长30.204公里；宋元时期古道遗存共7条，总长5.329公里；明清时期古道遗存共187条，总长534.967公里。古驿道沿线现存古道本体、古亭、古桥、古关、指路石、古码头、碑刻、标语、古遗址、古建筑基址、古墓葬、古村落等文物古迹共906处，其中新发现430处。而从地区分布上看，这些古道文化遗存集中分布在粤北山区、珠三角的惠州市、粤东的汕尾市和粤西的云浮市，粤北地区（韶关、河源、梅州、清远市）总长 523.5 公里，每个市内现存古驿道总长都在 100 公里以上，占全省总长度的70%；依次是珠三角地区总长107公里，粤西地区61.6公里，粤东地区56.2公里。东莞、阳江至今未发现尚存的驿道本体遗存，而属于高雷地区的阳江、茂名、湛江三市现存古道总长不足10公里。

随着现代交通体系的发展，这些曾经辉煌通达、车马喧闹的古代道路逐渐被湮没、被覆盖，或者被遗忘在深山野岭、荒草萋萋之间。它们饱含岁月之美，却又日渐凋零。据广东省文物考古研究所所长曹劲梳理总结，以广州为中心，南粤古驿道向东、西、南、北四个方向延伸的6条线路网络，包含了14条主线，56条支线，贯穿广东全省各个区县，串联起近千处历史遗存。

“遗憾的是，近100年来，广东省内的古驿道由于交通变迁和功能丧失而逐步走向衰败，加上它们当中的大部分都分布在粤东西北偏远地区，不可避免地遭到了人们的淡忘，有的因为年久失修而自然崩毁，有的则因为工程建设而逐步被现代桥梁公路所覆盖。”牵头负责南粤古驿道保护和活化利用工作的广东省自然资源厅相关负责人坦承。

值得所有中国人珍视的国家记忆

在广东决定对境内的南粤古驿道进行保护修复、文化挖掘和活化利用之前，人们发现的这些现存的233条古道本体，几乎每一条都或多或少地存在着衰败和损毁的问题。然而，在最早提出要保护修复这些古驿道并把它们活化利用于文化旅游、振兴乡村和精准扶贫等相关工作的人文地理学专家、广东省副省长许瑞生先生看来，每一条破败的南粤古驿道都有着不朽的历史和辉煌的过去，同时也是我们所有中国人值得珍视的“国家

记忆”。

广东省文物局有关负责人此前在一次公开场合亦表示，南粤古驿道历经2000多年创造、积淀、延续、传承、发展，历史悠久，源远流长，薪火相传，生命不息，蕴含着深厚的岭南优秀传统文化、红色基因和革命文化，是兑现“人民对美好生活的向往就是我们的奋斗目标”这一庄严承诺的资源宝库。这些古驿道，既是跨越时空的大型线性文化遗产，保存了各个历史时期的文物古迹和非物质文化遗产，也承载着南粤大地上各个历史时代深厚的文化底蕴，体现了南粤文化独树一帜、独领风骚的地域性，相互交流、融合发展的多元性，求同存异、兼收并蓄的包容性，不但属于今天，更属于未来。因此，将之真实、完整地保护传承下去，是我们共同的职责。

回溯历史，很多贬谪岭南的官员，都曾沿着古驿道踯躅独行，来到岭南。广东省考古所所长曹劲在一次演讲中就曾经公开指出，唐代文学家韩愈曾贬谪潮州，积极为民谋福，传播中原先进文明。为感恩韩愈，潮州很多地名都为纪念韩愈而命名，正是“不虚南谪八千里，赢得江山都姓韩”；宋代文学家苏轼曾贬谪惠州，写下“日啖荔枝三百颗，不辞长作岭南人”的诗篇。终老之时，苏轼反思人生，自认为平生功业皆在“三州”，惠州则居其一；明代戏曲家汤显祖在被贬徐闻后，用三年时光纵游饱览岭南风物风情，在韶关、广州、湛江徐闻、惠州罗浮山、深圳南头等地均留下足迹，写下不朽名篇。而根据史载，公元815年，杰出的政治家、文学家刘禹锡带着妻儿老小来到距离长安3600多里的连州。在连州任刺史的四年半，刘禹锡重新修缮海阳湖，建亭立榭，带来了中原文化，使海阳湖成为岭南地区的文化名园。他还把中原的农耕技术带入连州，教州民用机械吸水灌溉农田，垦复梯田，发展农业生产，改善人民生活。

不管是韶关的西京古道、梅关古道，还是清远的连州秦汉古道，它们如今都有一个共同的名字：南粤古驿道。作为历史上中原汉人入粤和岭南商贸活动的主要路径，它们曾经像活力奔腾的动脉，源源不断地将物流、人流、文化在其中往来输送。

凡是有人聚居的地方，便一定会有路。考古学家发现，广东北枕南岭，南临南海，我省最早的人类文化遗址距今至少 60万年，最早的人类化石距今至少 13万年。南粤古驿道自古以来就是南粤大地上的人们跨越崇山峻岭的南北通融之道、跨越江河大海的东西汇流之途。分布于北江和东江流域的石陕文化遗址和位于广州南越国宫博物馆内的秦代造船遗址就是最好的例证。

那么，什么样的古道才能称为古驿道呢？南粤古驿道是指1913年前广东省境内用于传递文书、运输物资、人员往来的通路，包括水路和陆路，官道和民间古道，是经济交流和文化传播的重要通道。

“先有国家，方有驿道。驿道是在国家出现以后才出现的。”广东省文化和旅游厅有关负责人此前公开解释，南粤古驿道始于秦始皇三十三年（公元前 214 年）的五岭(南岭)通道，是因秦始皇发兵统一岭南之需而在历史上原有道路的基础之上建造的。自秦代至清末由中央政府主持修造的道路，以及在此期间民间修造的道路，均可统称为南粤古驿道。

不过，秦代修筑的南粤古驿道已难寻原物。根据文献记载和考证，秦人古道路基依然保存至今的只有骑田岭道(连州古道、南天门古道)和大庾岭道(梅关古道)。此两条古道均位于南岭山脉之中，南北走向，分别穿越桂阳(今连州)骑田岭和大庾岭，自西至东排列。值得一提的是，1972年长沙马王堆出土的西汉初年的三幅地图，绘有桂阳（今广东连州）、南平（今湖南兰山）、营浦（今湖南道县）、泠道和营道（均在湖南宁远县境）各县域道路水系。这三幅地图被公认为是西汉初年连州古道作为过岭主要交通线之一的最好明证。从广州沿北江上至清远，在浈阳峡附近西折入洭水上溯，经阳山、连州，越骑田岭过郴州、潭州走荆襄至长安，全程4555里。

自秦始皇三十三年统一岭南之日起，至民国元年（1912 年）中华民国政府通告“裁驿归邮”，南粤古驿道历经两汉、三国、两晋、南北朝、隋、唐、五代十国、两宋、元、明、清各个朝代，均有维护、修筑和建造，代代相传。不过，省文物局调查发现，近100年来，现代交通工具出现导致的交通道路变迁、人口急剧增加导致的土地资源不足、经济快速发展导致的城镇化建设和基本建设工程快速扩张、现代邮政系统出现导致的驿传（邮驿）系统功能丧失、文化遗产保护传承意识的缺失，合力将南粤古驿道推向了衰败，最终导致南粤古驿道历史文化遗产的加速消失。

不管怎样，两千多年来，南粤古驿道由港口到内地，由内地到岭南，由岭南到海外，周而复始，生生不息，形成了广东多民族民系文化形成发展的历史轨迹和彰显海外侨胞深厚家国情怀的归根纽带，仍然是我省宝贵的历史文化资源。

活化利用是最好的保护方法

到底该如何让这些沉睡于乡间、隐藏于山野、日益衰败、逐渐消失的古驿道，在中华民族的文化基因和血脉中继续传承下去?

事实上，早在2016年南粤古驿道保护利用工作正式启动前，广东的相关决策者已意识到，对这些沉睡多年、逐渐被社会淡忘的文化遗产，光是投入资金进行保护修复还不够，在古驿道的实际交通功能退化的现实背景下，只要人们对这些古道和文化遗产的存在价值得不到重新认知，社会公众对它们的保护传承意识是不可能被唤醒的。最好的保护应该是利用，只有将修复后的古驿道活化利用到那些与人们的生活和发展息息相关的工作上，这些古老的文化遗存才会重新焕发青春。

因此，广东从一开始就把南粤古驿道当成升级版的绿道看待，把古驿道视为绿道的重要组成部分以及城市绿道在乡村的一种延续，并提出要以挖掘绿道文化内涵和改善农村人居环境为切入点，通过挖掘广东省具有上千年历史的古驿道，以古驿道为载体，采用“古驿道+文化”“古驿道+体育”“古驿道+旅游”“古驿道+特色农业”等创新模式，活化利用沿线历史文化遗产，打造多元文化主题线路，带动沿线农村发展。

作为全国率先开展绿道规划建设的省区，广东的绿道经过多年摸索发展，近年已经呈现出与市民健康需求结合、与自然环境特征结合、与历史文化线路结合的三大趋势。在广东省城乡规划设计研究院总规划师马向明看来，广东绿道的发展经过几年的摸索后展现出两个演变方向：在都市化地区，绿道走向更紧密地与公众的运动休闲需求相结合；而在省域尺度，切合公众文化需求的历史文化线路南粤古驿道的复兴，为广东绿道的升级展示了另外一个新方向。

2016年，经省政府同意，广东正式印发了《广东省南粤古驿道线路保护与利用总体规划》，规划全长约11230公里，依托现有古道、步道等为载体，其中陆路约6900公里，依托省立绿道820公里，水路约4330公里，依托省立绿道2000公里。

南粤古驿道文化遗产和由驿道线路产生的历史事件、重要历史人物和经济文化往来，都是中国国家历史记忆的重要组成部分。许瑞生副省长提出，活化驿道的第一步是根据遗址存在现状，规划出主要的可供古为今用的线路，进一步的深化必须寻找到具有历史文化价值的事件和人物，产生与驿道往来联系紧密而富有吸引力的人文素材，形成特定主题的文化之旅。他在大量实地调研和查阅文献后，还提炼总结出8条古驿道主题文化线路，包括南北通融文化遗产线路、葛洪与中医药文化遗产线路、汤显祖岭南文化遗产线路、瓷器文化遗产线路、香山古道群英故里文化遗产线路、《世界记忆》侨批和银信文化遗产线路。

2017年，在初步摸清全省境内现存的所有古驿道文化遗存的基本现状后，广东成功打造了台山海口埠、汕头樟林古港、南雄梅关古道等8处全长300公里的古驿道示范段，为下一步在全省开展更大范围的南粤古驿道保护利用树立了样板。在此基础上，2018年广东再次选取梅关古道—乌迳古道、西京古道（乳源段）、广韶古道（从化段）、秦汉古道（连州段）、湘粤古道（连州段）、粤赣古道（和平段、连平段、东源段、平远段、兴宁段）、潮梅古道（大埔三河坝段、饶平麒麟岭段）、岐澳古道（珠海段、中山段）、潮惠古道（惠东高潭段、海丰羊蹄岭段）和罗浮山古道等重点线路，完成了总长780多公里古驿道的修复和活化利用。

省自然资源厅有关负责人透露，在目前已建成的广东省南粤古驿道线路体系中，与现代建设的绿道线路重合段落约有30处，总长度约520公里。截至2018年年底，全省规划利用要作为古驿道线路体系连接线的省级绿道已经达到1370多公里。随着未来南粤古驿道保护与活化利用工作的深入推进，南粤古驿道将全面融入全省逾18000公里的绿道。近4年来，在上下各级共同努力下，南粤古驿道保护利用工作取得了阶段性成效，保护利用价值大的南粤古驿道基本上已得到有效保护。2019年开始，广东的工作重点已从以“拓展新增”为主转为“巩固提升”为主，以“保护修复”为主转为以“活化利用”为主，以“工程建设”为主转为“文化推广”为主。

“南粤古驿道真实、可信地反映出自先秦到近代，近两千多年来岭南与其他区域间发生政治、经济、文化交流的史实，并可与众多历史文献记载相印证。”中国古迹遗址保护协会此前对南粤古驿道进行了实地考察调研后认为，南粤古驿道保护利用工作，建立在对古驿道价值深刻理解的基础上，高点定位，理念鲜活，以具有创造性的顶层战略设计统领全局，整合各方资源，尤其为遗产促进经济社会可持续发展做出了有益的探索与示范。

张彦 / 速写

该协会特别提到，在工作方式上，广东有效整合多部门、多层级政府，建立起一套高效实干、责权明晰、统分结合的保护管理机制，为探索符合中国国情的文化遗产保护利用之路做出了具有启发性和借鉴意义的实践。四年来，在南粤古驿道工作推进过程中，广东通过大量品牌活动唤醒公众及社区对共同历史的记忆，调动起广泛参与热情，实现遗产的社会价值，在省内形成一股强劲的“古驿道热”“传统文化热”“历史文化热”，真正使遗产“活”了起来。

按照广东省自然资源厅的工作安排，2019年广东将做好提升整体品质、加强基础研究、打造红色之旅和传播古驿道文化四项重点工作。

值得注意的是，国内外的遗产保护工作一般是先有学术研究，再由学术界反推政府行动。而南粤古驿道保

张彦 / 潮州西湖秋色　69 cm × 138 cm

护利用工作是实践在前、工作在先，用实实在在的富有创意、富有成效的行动反推理论研究的前行。2018年年底，许瑞生副省长在全国历史建筑保护利用现场交流会上，提出用“古道学”概括总结南粤古驿道的活化利用工作并“研以致用”的设想。为此，广东省自然资源厅已经会同相关部门支持省内10个知名高校和权威科研机构成立南粤古驿道研究中心（实习基地），全方位开展“古道学”相关研究和实践活动。截至2019年10月，已有部分研究成果应用于古驿道保护利用和文化推广工作。如，中山大学完成了潮汕地区侨批2万多条数据的整理和录入，初步建立了侨批数据库；华南农业大学对南粤古驿道沿线植物种类及植物多样性情况和古树名木资源进行研究，已运用于古驿道植物标识系统建设和古驿道植物景观打造等方面；广东外语外贸大学开展了南粤古驿道音乐传承与整理研究，活化了一批古驿道音乐。

众所周知，南粤古驿道上有丰富的红色革命文化，广东在确定重点线路选线时，就非常注重串联红色资源，保护红色革命遗址、打造红色节点，通过古驿道将沿线的历史文化节点串珠成链，打造了南粤“左联”之旅、中央红色交通线之旅、梅州平远寻乌调查红色之旅、粤赣古道红色纪检文化之旅等红色线路，使古驿道成为开展党团活动、思政教育的基地。

广东省自然资源厅有关负责人2019年10月公开表示，近4年的实践，使南粤古驿道保护利用工作激活了历史文化遗产，使红色革命遗址、英烈故居和成长之路在空间上得以展示，并融入城乡的现代生活中，是我国大空间线性文化遗产保护和活化的生动、成功实践。同时，南粤古驿道是海上丝绸之路的起点、是展示广东文化自信的平台、是助推乡村振兴的抓手、是体验式的红色之道、是开放式的自然历史博物馆，是新时代广东一张靓丽名片，我们要采取各种途径，以南粤古驿道为载体，向世界讲好广东故事，展现广东形象。

张彦／
潮州西湖　138 cm×69 cm

第二节
红色文化
——影响近代中国命运、凝固国家记忆

梅关古道的红色文化

战国时期，中原战乱不堪，大批越人迁往岭南，其中一支以梅绢为首的越人，翻山越岭来到大庾岭上，被岭南风光吸引，在梅岭一带安营扎寨，他们发扬了越人勇敢顽强、刻苦坚韧的民族传统，艰苦创业，使这带迅速兴盛起来。因为梅绢是首率队的拓荒者，后来又因破秦有功而被项王封为十万户侯，因此人们就把这一带称之为梅岭。梅岭在岭南经济文化发展史上起了重要作用。梅岭自越人开发后，成了中原汉人南迁的落脚点，中原文化逐步在梅岭生根开花，并向岭南传播开去。

梅岭是古战场，也是革命战争年代红军多次战斗过的地方，特别是陈毅同志带领部队在这一带坚持了三年游击战，并在临危之中写下了壮志凌云的《梅岭三章》，使梅岭的知名度更高。

2016年12月，梅关古道入选《全国红色旅游景点景区名录》。

林霖／
矢志不移　138 cm×68 cm

粤赣古道（平远段）的红色文化

平远区与江西中央苏区一脉相连，平远红色政权的建立，在人力、物力和军事上为中央苏区发展和红军队伍的壮大提供了强有力的支持。平远特殊的战略位置和革命基础，使毛泽东在赣南、闽西、东江革命根据地初创及形成阶段，就已经打通这三块革命根据地的联系，使之连成一片，作为党和红军的战略计划。

1929年11月，红四军实行战略转移，朱德、陈毅、朱云卿率领红四军3个纵队为与闽西的第四纵队汇合，主动请毛泽东回红四军前委工作，一起讨论和研究如何贯彻中央“九月来信”精神，准备召开红四军第九次党代会。1929年12月月底，红军第四军第九次党代表大会召开，史称“古田会议”。1930年5月，红四军一纵挺进平远，拱卫毛泽东寻乌调查，帮助平远党的组织建立县级红色政权。

1930年5月，毛泽东在寻乌作调查，红四军一纵队在司令员林彪带领下进军平远，一支队到仁居，二支队从满坑、牛斗光、留车等多路进入八尺，第6大队从留车上磜出发，进军八尺角坑、中行官坑、拐湖，经石燕茅到合畲等地。红四军政治干部刘万青在角坑村马兰铺发表演讲，宣传共产党的政策和主张，号召农民组织农会和赤卫队，打倒土豪劣绅和国民党反动派等活动。留下角坑马栏铺红四军干部宣讲旧址、排下红军墙标、养蒙乡苏维埃政府旧址、金溪交通站遗址、“八尺事件”旧址等红色印迹。

红四军三进平远，播撒革命火种、开展武装斗争、建立红色政权，构建中央苏区后方大本营，构筑了坚固的红色堡垒，为消除红四军内部分歧、明确建军方向、胜利召开“古田会议”奠定了一定基础。

平远县地处闽、粤、赣三省交界，是三省五县通衢之地，千百年的盐上米下留下了众多古道。有关这条古道的趣事或典故，也有不少流传，相传南宋末年，抗元英雄文天祥兵败，退入广东。一日经过平远梅畲，文天祥因念幼主心切，咬破指头，嚼血喷干竹叶作卦，卜幼主所在。少顷，此处生长的竹叶皆有朱点，即被称为“相国卦竹”。文天祥他们自己吃过并准备给皇上吃的禾米制品就称之为“王粄”或是“皇粄”，由于忌讳所以转口至今成了有名的小吃“平远黄粄”。据说清末爱国诗人丘逢甲获悉文天祥的故事后，还专门作诗咏叹。诗曰：“乡乡都建相公祠，犹见遗民故国思。欲向梅畲寻卦竹，满山红处立诗碑。”

在《梅州日报》上，曾刊载过一篇由林东、赖荣强撰写的《梅畲三层楼的传说》。大致为：平远县泗水镇梅畲村，有一座建筑规模不小且构造独特的三层楼，建于清末，至20世纪80年代该屋还保存完整，后来随着居住者另择地建房或迁居外地等原因，才逐渐破败。建造这座房屋的过程中，也有这么一个传说。该屋的开居祖为刘淑初，他通过经商，积蓄了一笔钱财，于是根据房址的地势特点自己设计了房屋的图案。图案中的房屋外围建成三层，里面设计成两道走马楼的形式，整座屋房间数达二百多间。可是，正等他将计划施工时，来了三五波泥水工却都不敢接。在他惆怅之际，来了一老一少和一班帮工，他们接过图纸后，欣然接下，经过一个月的工期，房子基础逐步成型，老师傅突然跟刘淑初说，自己要赶回乡下处理急事，十天左右回，刘淑初也无法拒绝，只好应允，老师傅走后，刘淑初也天天盯着工期，眼看那个年轻人也安排得井井有条，心也就稍安了些。可是，半个月过去了，老师傅还没回来，一个月又过去，还不见人，刘淑初向徒弟打听，也回应不得而知。但刘淑初看房子也逐步成型了，也就没有过多追问，经过了一年的赶工，三层楼房终于按照原来的图纸呈现在了刘淑初面前，年轻人和帮工顺利拿到了工款后，便带队离开。此后，老师傅一直没有再回来。这到底是为什么呢？当时有两种猜测：一是老师傅已知所带的这位年轻徒弟手艺已学得可以了，便有意以这一种方式让其领班建房，作为考验；二是这位年轻人就是师傅，但知道自己这样的年纪可能得不到主家的信任，自己出面揽不到这活，便请来一位老者帮其出面。其实，无论哪种情况，这一老一少两人的做法都得到了后人的理解并为之赞许。

山水画写生作品的意境是由画家所见的客观景象经过艺术加工，体现在画面上的新的情景。情与境会、意与相通，便产生了意境。张彦老师的作品《梅州平远八尺镇古驿道》《梅州岃古道》分别选取了当地一景。前者描写了乡村与古建筑相融的现状，画面中的革命根据地旧址“奔向古田”更是起着画眼的作用。后者通过描绘山村古道的蜿蜒盘旋，伴以画面上人物的栩栩如生，左下角的建筑以线勾勒再以淡墨块局部点缀渗和，整体画面苍润分明，点、线、面的构成与艺术韵味超凡脱俗，风格独特，再现当年红色革命的历史情景。这是情与境的和谐、意与象的统一，体现了中国画艺术主体精神与客观形象之间的关系。

梅州平远八尺镇古驿道 138 cm×34 cm
张彦 /

梅州岃古道　138 cm × 34 cm
张彦 /

松溪河古道 138 cm×34 cm
张彦 /

作品《松溪河古道》将古驿道水运景象诉诸笔墨，在梅花盛开的映衬下，河道上的船只、堤岸边的古建筑以及隐藏在深山上的民居，以及建成于道光十年的松溪古桥，一下子把观者带回到那个属于驿道辉煌时期的年代。

松溪古道　138 cm × 34 cm
张彦 /

张彦 / 清远连樟村 138 cm × 34 cm

《清远连樟村》《梅州平远八尺镇梅州岃古道》都是描绘乡村田园风光与村舍的作品，其画面以高超扎实的笔墨技艺为根基，以胸有丘壑的博大情怀为视界，高度概括与提炼自然生活中的形象，充满着勃勃生机，让人感到清新、隽永并富有强烈的时代感，已达到了山水画写生境界新的升华。

张彦／梅州平远八尺镇梅州岃古道 138 cm×34 cm

崔晓勇 / 夕阳古道 138 cm×33 cm

画家崔晓勇的作品《夕阳古道》则以静穆与岭南秀美的山水为主体，通过大自然的万物生长，生生不息来反映百年来人文气息的变与不变，变在时代、运输方式、交流方式的革新致使这里逐渐恢复平静，不变则在于葱葱郁郁，草木依然，那是一种面对世事巨变坦然、淡然的大自然精神。

黄富源 / 平远古道 69 cm × 69 cm

部笑寒 / 平远写生 69 cm × 69 cm

黄富源的作品《平远古道》与部笑寒的作品《平远写生》均描写了平远古村的面貌，站在高处俯瞰村落，过往的历史与传说赋予了古村的神秘魅力。

平远县差干镇地处闽、粤、赣三省交界处，与福建省下坝仅一墙之隔。历史上由于"水运"发达而成为闽、粤、赣边交通枢纽，松溪古驿道便是这样应运而生。据《区与界：清代湘粤赣界邻区食盐专卖研究》一书考证，这一古道对赣南具有重要意义："从赣州溯贡水而上至湘水，到达筠门镇后，或换小船至罗塘再挑运筠门岭，或直接挑运筠门岭，抵达镇平县新铺，然后船运通过石窟河经梅溪至嘉应州。"

这条客家人的"盐米之路"，肩挑、马驮，盐上米下，接驳筠门岭与下坝的水运码头。福建下坝河水域宽，明宣德年间（1426—1435），蕉岭与下坝之间就有船运。清乾隆时，赣南各县食盐都从下坝挑运到江西罗塘，下坝经商之客也越来越多，尤其是江西宁都、于都、兴国商都来这里建筑盐馆、米馆，做储盐之用。

自明洪武年间（1368—1398）开始，广东的食盐、江西的粮食、福建的茶叶等商品集中在这里中转。广东的盐大量经水运至下坝，再从下坝经松溪河分散至赣南各地。同时，赣南各地的粮食也经水运销往福建、广东等地。据《明史》记载，赣州在明正德二年（1507）改行广东盐，粤赣间的盐道存在超过了500年历史。

20世纪二三十年代，这段连结三省的古老盐道，有幸为神秘红军路，为闽粤赣革命根据地和中央苏区的建立作出了不可磨灭的贡献。毛泽东早1930年5月时，便在《寻乌调查》中关注到必经松溪河的通道，为红四军分兵平远作了充分的调研："一条从澄江通安远挖补界之罗塘（三十里），再由罗塘南往下坝，北往门岭”，“石城、瑞金的米到门岭，大部分经罗塘、下坝（武平属，在三省交界）、新铺（蕉岭属，离梅县三十里）往梅县，每天有约三百担过。”

画家陈水兴作品《粤北新春》虽然仅用了纯水墨表现，但其干、湿、浓、淡笔法交替运用，仍能让观众感受万物生长的勃勃生机的气息，前景新芽若隐若现，中景繁花绽放，远景云雾氤氲，俨然一番岭南特有的春色。而画家曾祥梅作品《平远山乡》则围绕客家农耕文化着墨，盛开的梅花作为前景，中景则是乡村密集的民居，建筑风格现代与传统交叠相间，远处则为即将迎来新一轮耕种的水田，田基蜿蜒交错，更远处是起伏的群山，整幅画面极具岭南农耕特色，正是这种四面环山的乡村格局，养成了岭南人踏实的、务实的、勤恳的性格。

陈水兴 / 粤北新春　139 cm × 68 cm

曾祥梅 / 平远山乡　138 cm × 69 cm

粤东的红色文化

粤东，是广东省东部的简称。主要包括潮州、汕头、汕尾、揭阳四个地级市，粤东地区是中国著名侨乡，全球潮籍华人华侨及港澳台同胞超过1000万人，遍布世界40多个国家和地区。

古代“越”和“粤”是通假字，指华南百越地区。在先秦古籍中，对于长江中下游以南地区的上古部落，常统称为“越”，文献上称之为百越、百粤。明清近古以来两个字的含义开始有所区别，“越”多用于江浙吴语地区，“粤”多用于岭南两广，后来长期作为岭南地区的统称。历史上两广别称“两粤”，广东为“粤东”，广西为“粤西”。直至民国时期，“粤”才逐渐收窄范围被用作广东省的简称。

广东广西古为百粤之地，故合称两粤。清朝叶廷琯《吹网录 · 劫灰录补注跋并撰人辨》：“昆山李香引文学荪以所辑《劫灰録补注》示我。是录载残明桂藩在两粤、黔、滇诸事。”康有为《上粤督李鸿章书》之二：“而两粤富腴之地，繁殖之民，卒械既多，海陆并达。”

为了更好地挖掘整理粤东左联文化及红色文化遗产和丰富的自然、文化资源，展现南粤古驿道沿线乡村魅力，弘扬岭南优秀文化，加深人们的爱国情怀，增强人们对国家、民族和文化的认同感。在省自然资源厅的大力支持下，张彦教授和师生们在潮州市文化广电旅游体育局的指引下，先后对潮汕地区的红色革命遗址——中共中央至中央苏区秘密交通线汕头中站旧址，潮州广济桥，位于潮州市区刘察巷15号的左翼社会科学家联盟盟员、马列经典著作翻译家、新中国外交家柯柏年（原名李春蕃）故居（也是革命先驱李春涛故居），位于潮安区归湖溪口村的左联筹备组成员及中共地下文委领导人之一戴平万的故居等20世纪30年代左翼文化运动代表性人物的故居进行调研和写生。师生们用笔墨记录历史，以求唤醒这个时代对革命先辈们的尊重与缅怀。

师生们经过此次调研采风写生活动，深入了解了粤东地区革命先驱为左翼文化运动发展做出的贡献与其红色历史意义，探访了古驿道所形成的自然和文化资源，也深深感受到潮汕地区深厚的文化底蕴和人文涵养。长期的教学经验与写生创作实践使得张彦教授对山水画的写生形成了一整套较完整的思想体系。其一系列写生作品的笔墨观、人品观、意境观无不贯穿着他对传统技法的独到见解。他根据画面的需要，化繁为简、以简代繁，既突出重点，又强调视觉印象，并吸收了多种表现手法，尤其是对傅抱石、李可染画中质朴灵动的表现手法，信手拈来，使他的作品具有了洒脱的笔墨情趣，并形成了他自己强有力的艺术风格特点，能较好地体现视觉效果。其在此思想体系的基础上创作了一批具有深刻教育意义的红色文化艺术作品。

张彦教授的红色题材写生作品均以四尺对开的形式呈现，其在深入了解红色文化的文献集后再进行现场写生，有的以山村、河流为题材，水墨写意为主、勾勒皴擦、淋漓酣畅；有的以红色木棉、古建筑为题材，灿烂绚丽而又严密紧凑；有的以田园风光为题材，泼墨泼彩绘之，两相呼应，彩墨交融。如此更见其笔墨功夫之博深，既达景物虚空之美感，又具灵明不昧之真知，既超然物外、幽深迷远，又恬淡飘逸、激荡豪放。其内心的情感变化随图式的立意、构成和笔法之变而一一展开，天地、物我、情感浑然一体，直透韵外之韵、味外之味、情外之情，为其画面注入了一股雄强之气。在写生过程中，他带着诚挚的情感去描绘景观的具体性，融入人文情怀的艺术感受，更注重红色题材的艺术表现，既按照客观现实的真实并结合自己心理意向情趣的审视，又对自然风景进行不拘客观的重新排列组合，让可入画的素材尽收笔底，以粗犷豪放的神韵与笔墨情怀彰显出朴实无华、质朴而趣灵的水墨图式，以达新的艺术审美意象，体现了时代特有的生活气息和红色基因的民族情怀。

张彦 / 潮州湘子桥 138 cm×34 cm

戴平万故居 138 cm×34 cm

张彦 /

蕴于心而发于外，才能脱尽窠臼、标新立异、独辟新径，张彦教授的作品《戴平万故居》《韩江古城》将大自然蓬勃生机的荔枝树、河流与透露着浓郁乡土气息的古建筑和古桥梁融为一体，并在视觉语境中形成趣味。其作品力求最大限度地调动中国传统绘画的艺术特点，运用多种艺术形式使蔚为壮观的红色故居与自然景物尽收笔底，尽可能更完美地表现革命红色文化的精神，从而更好地抒发作者内心情感，让作品有陶新涤旧、再造乾坤之气概。

韩江古城 138 cm×34 cm
张彦／

紅場

红宫红场 138 cm × 34 cm
张彦 /

红宫红场 138 cm×34 cm

张彦 /

海丰红宫红场旧址 138 cm×34 cm
张彦 /

作品《海丰红宫红场旧址》《得趣书屋》采用的是俯瞰式构图，以训练有素的笔墨及颜色描写现实生活的场景，建筑的勾勒别具一格，错落有致的木棉树，英雄之花开得正旺，又象征着英雄不屈不挠的革命精神。其作品整体画面墨中有色、色中有墨、混沌交融、变化莫测，其笔墨的干湿浓淡、虚实有度、看似粗头乱服，不守绳法，实则气韵生动、寻味无穷，运笔挥洒自如，有着强烈的艺术感受，自然而不失人文，隐含着一种生生不息的精神，其作品让人触景生情，产生无限遐想。

得趣书屋 138 cm × 34 cm

张彦 /

张彦／秋雨生寒意 138 cm × 34 cm

古邑清秋 138cm×34cm
张彦/

溪口渡　138 cm×34 cm
张彦 /

韩江之畔着名左联先驱戴平万故居溪口村
亦在此地并有着红色

张彦 / 韩江之畔 138 cm×34 cm

张彦 /
潮州古城 138 cm×34 cm

古镇微雨 138 cm × 34 cm

张彦 /

张彦 / 岭南翠竹古道 138 cm×34 cm

丝路海韵 138 cm×34 cm
张彦 /

仰山楼 138 cm×34 cm
张彦 /

张彦 / 古港之夜 138 cm × 34 cm

古渡烟月 138 cm×34 cm

张彦 /

张彦 / 古镇寒雨 138 cm×34 cm

赵春恒 / 木棉花开　68 cm × 68 cm

金仁贵 / 红色交通线汕头站旧址　68 cm × 68 cm

画家赵春恒的作品《木棉花开》是根据洪灵菲的诗《春》创作的，“风雨连天染涕泪，干戈满地独吟诗，剧怜古道红棉树，落尽千花人未知。”洪灵菲故居——龙湖古寨位于潮州市江东镇，是以红砂村洪灵菲故居附近的韩江堤岸为载体的滨水空间。事有巧合，故居旁边刚好有四棵挺拔苍老的木棉树。画面以疏密、曲直、粗细、刚柔交织而成的线条构成。笔势贯畅、墨气淋漓、一气呵成的大笔挥洒，木棉的色彩鲜明强烈，构成了一曲优美的交响乐。此画作充分体现了左联文化青年的革命精神。

画家金仁贵的作品《红色交通线汕头站旧址》取材于汕头市金平区，此地如今已成为爱国主义教育的实践基地。该作品的表现思路是以具体而真实的建筑物为素材，用笔绵密严谨、浑厚质朴。该作品自然融合了当地的地理环境，周围挺拔的木棉树与建筑物互相呼应，作者以写实的手法，借助景物来表达内心精神世界的情感，客观地反映了此建筑的革命历史意义。

关通南北　艺以载道

文 / 梁志钦（华南师范大学新媒体文化研究中心兼职研究员、广州市美协理事、新快报《收藏》周刊记者）

通过对南粤古驿道的历史钩沉，几乎可以勾勒出一部岭南的文化踪迹史，唐代六祖慧能北上求法，张九龄南归，韩愈南贬，米芾端州追砚，苏轼南下，王蒙墨挥罗浮山……南粤古驿道成为了历代文人往返南北的重要通道，是南北文化交流的重要桥梁。

北魏郦道元的《水经注》曾言：“五岭者，天地以隔内外。”道出了岭南与中原的地缘关系。由于“越城岭、都庞岭、萌渚岭、骑田岭、大庾岭”五岭的存在，使得岭南与中原形成了两个文化气候几乎截然不同的区域。五岭以南为岭南，而南粤一词，最早可以追溯到东汉班固的《汉书》，而直至隋炀帝废州为郡，岭南道划分为东、西道，东道治广州，这是广东省名中“东”字的由来，两广分为东西才正式开始，后人把岭南作为广东地区的代称由此逐渐成为了共识。

广东背靠五岭，面向大海，形成了背山面海的地理特征。南岭既是一道天然屏障，在中原内乱之时岭南能免受干扰，同时也是广东人与中原人往来的最大阻隔。在中原人眼里，岭南“人迹所绝”，长期以来都是“蛮夷之地”，高山密林，毒虫猛兽，并充满瘴疠之气。广东人欲与外界交流，一则跨越南岭，二则驶向大海，形成了岭南文化尤为显著的“兼容并包”的精神内核。

秦统一六国后，为加强对岭南的控制，逐步修筑起通往粤地的驿道，梅关古道设关便始于秦代，因此，梅关又称秦关。秦代在五岭开山道筑三关，即横浦关（即梅关）、阳山关、湟鸡谷关，由此打开了沟通南北的三条要道。使得中国南北文明从此发生了大规模的汇集、交流和融合。但梅关最终成名则要到宋代。所谓“唐时岭路宋时关”，唐代张九龄扩修岭路，宋时肇建并楼，始称“梅关”。

在唐代，新州(今广东新兴县)人慧能问及乡人念经，顿悟立志求佛法，于是北上湖北黄梅，但其面见五祖，却被以“岭南獦獠何以作佛”的“嘲讽”。约40年后，唐玄宗开元四年，张九龄辞官回乡，大庾岭路壅塞，如《广东通志·山川》云：“苍岩叠嶂，壁立峻峭，往来艰于登陟。”张九龄便奏请朝廷开凿大庾岭新路，以充分利用岭南的“齿革羽毛之殷，鱼盐蜃蛤之利”，达到“上足以备府库之用，下足以赡江淮之求”的目的。这个建议得到了唐玄宗的赞赏，遂下诏命张九龄主持开凿。不久，便开凿了一条长20余丈、宽约3丈，可两马车并行的大山路，使梅关古道成为“坦坦而方五轨，阗阗而走四通”的大道。并成为南北往来的公文传递、官车、商贾以及海外贡使进京的要道。有了这条道，韩愈被扁潮州，也可“乘驿赴任”。

虽然如此，“自大庾岭下南至广驿，路荒远，室庐稀疏，往来无所庇”（《宋史·蔡挺传》）仍然是宋代中原人对岭南的总体印象，致使苏东坡被一路南贬，仍然发出“山林瘴雾老难堪，归去中原茶亦甘”的感叹，而其好友米芾由于过分钟爱端砚，也不顾朋友“蛮荒瘴疠之地，路途山水阻隔，艰难异常”的劝说，而南下端州，仅逗留了3个月，米芾更写就了中华砚文化史上的扛鼎之作——《砚史》，为后世称颂。

现今每次看到广州市越秀区教育路的药洲遗址就有一块米芾题刻“药洲”，署“米黻元章题”的石头，也不禁联想当年米芾的南下景象。

虽然至今仍未有元四家王蒙亲身到岭南的证据，但其描绘晋代道士葛洪携家移居罗浮山修道情景的《稚川移居图》却能反映古代文人对南方大自然山色的向往态度。

明代戏曲家汤显祖也曾经长江、赣江从南安府大庾岭入粤；清代林则徐奉命到广州查禁鸦片，南下也从江西坐船至南雄，翻越大庾岭至广东境。自韶关沿北江水路，经清远、三水、佛山到广州天字码头。

林江山 / 速写

历朝历代，为了拓展疆土，发展商业，加强与粤东、赣闽的联系，使得在岭南大地上修建的驿道早已是星罗棋布，形成以广州为中心，向东、西、南、北四个方向延伸的南粤古驿道线网。其中主要典型线路共六条：粤北秦汉古驿道线路、北江—珠江口古驿道线路、东江—韩江古驿道线路、潮惠古驿道线路、西江古驿道线路、肇雷古驿道线路。

直至一百多年前，北洋政府将驿站全部裁撤，驿道主干线相继被修建的铁路或公路取代，古驿道正式结束了其历史使命。对于新一代的年轻人，驿道概念已经越发模糊，对其历史意义的了解恐怕更难深入。

以文字钩沉历史，以绘画图像表达成为了当代文学艺术家的历史使命，画家一方面需要关注生活、反映现实，但同时另一方面，对历史的追溯探踪，也是艺术创作的重要课题。随着现代交通的日益发展，高速公路、高铁网络、飞机航路等全面铺开，古驿道的昔日意义将逐渐褪去，停留在人们脑海中的记忆也逐渐模糊。或许未来的某一天，唯有通过艺术家笔下的作品，方能寻觅其中印迹。

第三节
古驿道的农耕文化与民俗风情

珠玑古巷的 农耕文化与宗祠文化

农耕文化

珠玑古巷自古以来就是中原（河南）文化与岭南文化汇聚之地，聚居此地的各族人民依托世代承传的习俗和经验，曾经在不同的历史时期，酿制出独具特色的优质美酒，无不闪烁着古代珠玑人对酿酒技术的独到见解和聪明才智。岭南人酿酒多以当地农作物、花果为原料，其中以稻米酿制的米酒在不同历史时期都广受人们喜爱，并世代相传沿袭至今。以珠玑巷一带为代表的岭南地区，人们至今仍保持着酿制米酒的传统，当地农家自酿的黄酒酿、米烧、钻缸酒在节庆日子里仍是招待宾客朋友的首选佳品。而珠玑私窖酒正是传承这种传统做酒工艺，从而得名。

宗祠文化

珠玑古巷也是中国历史上由中原向南方大迁移的重要集散地，有"岭南文化的摇篮"之誉。世界上许多粤籍人都知道自己祖先来自珠玑巷，视之为发祥地，不少家谱有此记载。据调查，由珠玑巷南迁的后裔达 5000 多万人。1995 年成立了世界性的南雄珠玑巷后裔联谊会，众多姓氏在珠玑巷建有宗祠。

罗浮山古道的 葛洪与中医文化

西晋时期，中国历史上著名的道教学者、医家、化学先驱葛洪两次南下罗浮，归隐山中，修炼仙道，精究医药，为百姓治病，撰写了重要医药著作《抱朴子》《肘后备急方》，造福一方，并奠定了神仙道教的基础和促进了中医药学说的发展。古道蜿蜒盘旋于罗浮山上，有些虽由于改道或荒废而日渐湮没于深山密林之中，但从爬满青苔的级级石阶，隐约可闻当日驿道上的哒哒马蹄。

位于罗浮山朱明洞景区麻姑峰下的冲虚观，为东晋葛洪创建，距今已有 1600 多年，初为葛洪修道炼丹南庵。葛洪"羽化成仙"后，晋安帝在此建"葛洪祠"，唐玄宗天宝年扩为"葛仙祠"，宋元佑二年哲宗赐额改为"冲虚观"，一直流传至今，成为全国最有影响的道教宫观之一。冲虚观背山面水，为十大洞天之第七。其南为放生池、广场和白莲湖，北面为登山索道上站，西边有葛洪丹灶、洗药池和东坡亭。

在广东的民间传说中，罗浮山由两条神龙化形合体而成。传说东海龙王的三公主青龙与南海龙王之子黄龙在海浪中嬉戏，邂逅相识，一见钟情，他们的爱情遭到东海龙王与南海龙王的反对，一个被囚禁在孤岛，一个被锁在古井。天公、海洋被他们的真情感动，发雷鸣电闪、惊涛骇浪，助青龙黄龙发动神力冲破枷锁，奔向自由。在山呼海啸、天崩地裂的震荡中，黄龙化为罗山，青龙化为浮山，双龙躯体结合在一起，永不分离，组合成世间一座奇妙山峰——罗浮山。南北朝时期沈怀远《南越志》云：“罗浮山，此山本名蓬莱山，一峰在海中，与罗山合，因名焉。” 宋郭之美《罗浮山记》云：“罗浮者，盖总称焉。罗，罗山也；浮，浮山也。二山合体谓之罗浮。在增城、博罗二县之境。罗山自古有之，浮山者本蓬莱之一。尧时洪水泛海澌来傅于罗山，崖巘皆合，至今卉木不同。浮山皆海中类也。陈郡袁彦伯、东莞徐履道皆云蓬莱有三岛，此其一焉；山顶有桂所谓賁隅之桂；有神湖，周五里水应海潮。”蓬莱山自古被誉为神山之一，有推论者，这跟罗浮山的水流自东往西的“逆行水流”有关，水势逆流迎合了道教的地心水脉理念，更是历代道教修仙追求的最佳地貌。

庞国华 / 秋月闲情　69 cm × 69 cm

刘向上 / 罗浮山古道　69 cm × 69 cm

除元代画家王蒙对罗浮山有特别的向往外，清代画家石涛，同样对罗浮山异常神往。曾刻有《四百峰中箬笠翁图书》印，传言罗浮有四百三十二峰，“四百峰”即指罗浮山。对于石涛来说，罗浮山不是一处风景胜地，而是他的精神圣山。学者朱良志曾撰文介绍，目前还流传着三本石涛名下的《罗浮图册》，一本藏于普林斯顿大学美术馆，此为石涛真迹，一本藏于德国柏林亚洲艺术博物馆，是石涛所作另一本同名书画对题图册。还有一本藏于日本神奈川箱根美术馆，此册是对柏林本的临写，是一“临本”。他怀疑出自张大千之手。

阎义春 / 古道蜂房　69 cm × 69 cm

邱培藩 / 古道遗韵　50 cm × 100 cm

罗浮山南粤古驿道 137 cm×35 cm
范国华 /

相信历代画家追慕罗浮者不在少数，而当代画家表达罗浮也众多，而比王蒙、石涛幸运的是，当代画家能够直接到罗浮山“面圣”，感受千百年的神山之气，无论是画家庞国华的作品《秋月闲情》，还是刘向上的《罗浮山古道》，又或是阎义春的《古道蜂房》、邱培藩的《古道遗韵》、范国华的《罗浮山南粤古驿道》，画家身临罗浮后，面对庞大的选景题材，总有一处可以抒发胸臆。

汤显祖 岭南行

汤显祖是中国明代戏曲家、文学家，祖籍临川县云山乡，后迁居汤家山（今抚州市）。汤显祖从小聪明好学，21 岁时中举。由于不肯依附权贵，虽博学多才、“名布天壤”，到 34 岁才中进士。后历任太常博士、詹事房主簿、礼部祠祭司主事。明神宗万历十九年（1591 年）五月十六日，他目睹当时官僚腐败愤而上《论辅臣科臣疏》，弹劾大学士申时行并抨击朝政，触怒了神宗皇帝而被贬到徐闻。汤显祖由南安府大庚岭入粤，经南雄梅岭、始兴、仁化、曲江、韶关、乳源、英德、连州、三水，进入广州；从广州去澳门，经恩平、阳江、阳春到徐闻、廉州涠洲岛；从广州南海神庙经番禺、增城、东莞上博罗罗浮山，又从东莞到深圳南头，这是明人黄汴《一统路程图记》所描述的线路。浙江大学徐永明教授使用可视途径大数据研究方法得出汤显祖人生中访问过的 29 个城市，12 个在岭南，包括梅岭、广州、东莞、南海、香山、澳门、恩平、阳江、肇庆和徐闻。1591 年南贬徐闻百日行，过大庚岭，南雄下水顺北江南下，到了曹溪惠能故乡。到了清远中宿，对澳门、广州有了初步的了解，两次抵广州，其中一次绕道澳门抵广州，才有了《听香山译者》：“占城十日过交栏，十二帆飞看溜还。握粟定留三佛国，采香长傍九州山。”从香山经恩平到阳江，由阳江出海船过徐闻靠不上岸，在涠洲岛才泊岸。在岭南汤显祖接触到海洋，也产生了歌颂南海海洋的诗篇，如“一尉云连海，孤生月在林”“时时番鬼想，色色海人眠”等佳句。

随后，汤显祖在徐闻履职，职务为典史，时称“添注”，属于安插人员的冗官。但知县熊敏是汤显祖的乡亲，事先受友人来信关照，对汤很客气。汤显祖十分重视教育，汤显祖在熊敏的支持下，捐薪俸建立了“贵生书院”，并写下《贵生书院说》和《明复说》等重要理论文章，传播中原文化。1598 年弃官归故里创作了《牡丹亭还魂记》，续写《南柯梦》等形成《临川四梦》。岭南远谪之行对汤显祖隐居潜心文学和戏剧创作提供了鲜活的生活素材，亦成就了汤显祖戏剧人生启航的无穷创作源泉。

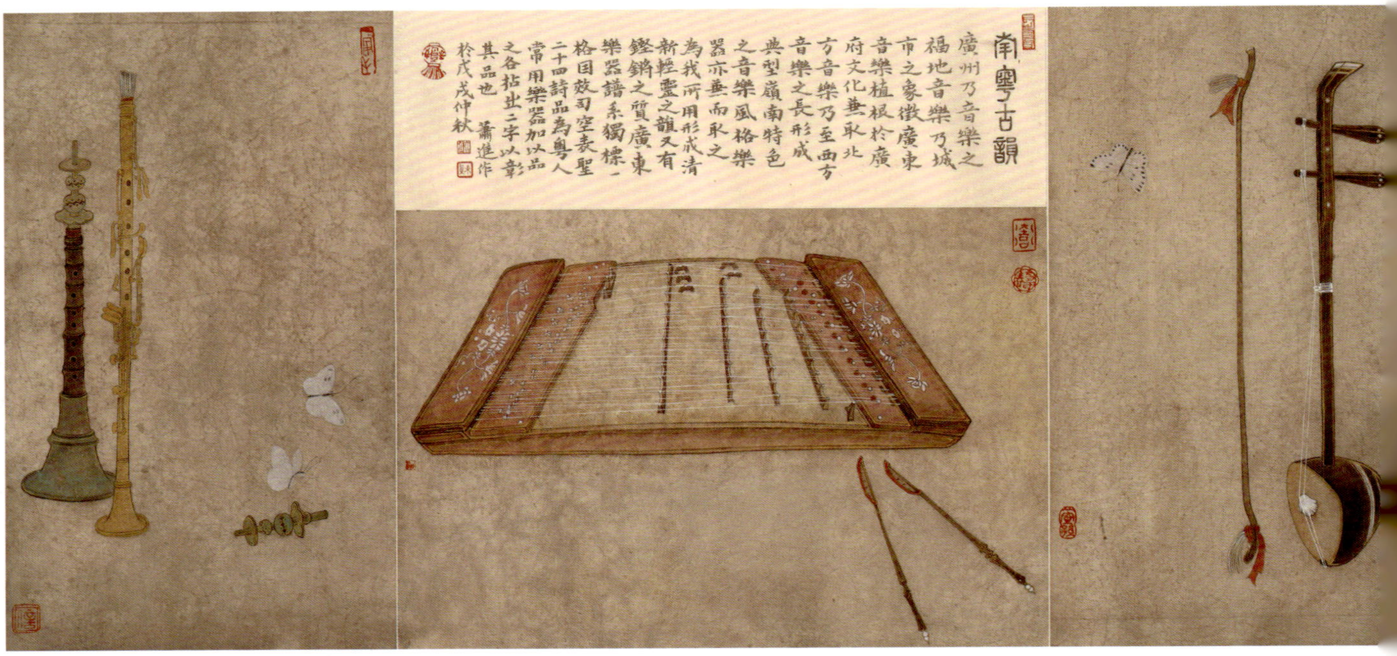

肖进 / 南粤古韵 51 cm × 114 cm

粤赣古道（平远段）美丽乡村

平远县是广东省梅州市下辖的中央苏区县 ，位于广东省东北部，粤、赣、闽三省交界处，东边与广东蕉岭县相邻，南边与广东梅县区相邻，西北与江西寻乌县相邻，西边与广东兴宁市相邻，北边与福建武平县相邻。平远建县于1562年，总面积1381平方公里，辖12个镇、136个村、7个社区，人口26万。县城设在大柘镇，是广东古八贤之首客家先贤程旼的故乡，享有“世界客家文化始祖地”“世界客都第一村”的美誉。2011年8月被确认为“原中央苏区县”，是中国最佳生态文化旅游目的地、中国最佳文化休闲旅游县、中国最美生态休闲旅游名县、中国民间文化艺术之乡、中国绿色名县、中国油茶之乡、中国仙草之乡。

粤赣古道（平远兴宁段）主要分布在梅州市平远县，路线以仁居镇为核心，呈放射状分别向江西寻乌方向、福建武平方向和梅州蕉岭方向延伸。粤赣古道（平远兴宁段）既是千百年来粤盐赣米闽茶贸易的重要通道，也是经典的革命古道。当地生态环境得天独厚，拥有龙文梯田、客家相思谷、长潭省级自然保护区、五指石风景区等著名景区。

粤赣古道（平远段）精华段位于平远县八尺镇角坑村，起点为进士广场，终点为塘心桥，由田寮下蜿蜒而上，翻越梅州岃，穿越角山嶂，是一条步行环线，全长11.5公里。作为“广东北大门”的八尺镇，是粤赣两省的交通重镇，千百年来在交通、邮政、经贸等方面发挥了巨大作用。以角山嶂为界，它们，是通往江西的经济贸易要道，是重要的红色交通要道。特殊的地理位置，给予了八尺古驿道特殊的命运。百年前，广东缺粮，江西产粮；广东产盐，江西缺盐。粤赣两地客家人，挥洒着汗水，用坚实的脚步，踩出一条条盐粮贸易之路。寻乌产米，主要向广东输出，平远是最主要的道路。《寻乌调查》里，以寻乌商流为坐标，以八尺为节点，是连接寻乌与梅县的交通要道之一。

何杰 / 溪头古道　69 cm × 69 cm

杨雨农 / 梅关六祖庙　69 cm × 69 cm

19 世纪末，西学东渐，在西方科学思想的影响下，一批批中国画家谋求革新，改良中国画，把明清之后越演越烈的案头把玩的水墨画往现实主义中寻求转型，其中，岭南画派开风气之先，提出“折衷东西，融汇古今”的艺术主张，把水墨传统与西方艺术的传统审美互相融合，引入了焦点透视、明暗光色等因素，使得画面更为“应物象形”。把一贯抒发胸中意气的山水画转型为心中山水与现实景物结合，以达更“可居可游”。画家何杰的作品《溪头古道》大有一番枫丹白露的印象，沿山小道边一排错落有致的参天大树成为了画中的前景，而隐藏在其后面的则是古旧民居八九家，再远处交织着象征现代的电线网络，如此的“经营位置”在古代未曾有之，使得画面与传统散点透视的中国画拉开了时代的距离，也反映了画家面对大自然时的当代思考。

画家杨雨农的作品《梅关六祖庙》同样借用了类似手法，但不同的是，杨雨农通过强化墨色浓淡以拉开空间距离，在“深远”和“高远”上着墨，透过前景高耸入云的大树隐约能看到六祖庙，强化了大自然的力量，或许更符合道法自然的规律。

南粤古驿道写生创作行

文 / 刘向上（岭南美术出版社副总编辑）

古道纵横，山高水深，在古代由海上丝路向内陆延伸的通道，包括水路和陆路，在陆路上的官道和民间古道上传递文书、通商往来，古驿道成为中原联系岭南的重要纽带。许多古道已有上千年的沧桑，历史的变迁，时至今日，它承载着中国历史、文化变迁与发展的根脉和记忆。岭南古驿道见证着岭南祖先的丰功伟绩，成为广东多民族民系文化形成发展的历史轨迹和彰显海外侨胞深厚家国情怀的归根纽带，为岭南人留下宝贵的历史文化资源。

2016年以来，在省政府的工作部署下，广东进一步延伸和拓展绿道的内涵和功能，以古驿道、绿道串联乡村地区，提升新农村建设的文化内涵。这也是为贯彻落实习近平总书记关于文化自信和“让陈列在广阔大地上的遗产活起来”“留住历史根脉”等重要讲话精神，响应“一带一路”与广东创建“文化强省”战略的重要举措。近年来，广东省政府持续深入开展了南粤古驿道活化利用和保护工作，在重新发掘和梳理南粤古驿道沿线的人文历史、自然美景、田园风光、古建筑、传统民宿文化，特别开展了一系列的南粤古驿道文化之旅和定向大赛，将文化、体育与近代红色文化相结合，古驿道蕴含的历史的“根”和精神的“魂”，成为了文艺家丰富的创作素材与鼓舞人心的力量。

2018年10月至年底，广州美术学院中国画学院张彦院长带领骨干教师、研究生及研修生团队等开启了南粤古驿道采风写生创作之旅。本次采风写生活动是在广东省委、省政府的大力支持下，由广东省自然资源厅、广东省住房城乡建设厅和广州美术学院联合开展的一次重大活动。活动的目的在于进一步挖掘南粤古驿道沿线丰富的历史资源和文化内涵，描绘南粤古驿道古乡村美好画卷，力求让鲜活的历史与周边的自然田园风光形成自然美景与历史文化深度融合的艺术名片。这对彰显岭南地域文化特色，促进县域经济健康发展，实现精准扶贫和改善农村居住环境等问题都具有重要意义。

采风写生活动选择具有代表性的古驿道多条线路进行山水、花鸟、人物写生创作等课题研究，师生团队曾先后深入梅关古道—乌迳古道、西京古道（乳源段）、广韶古道（从化段）、秦汉古道（连州段）、湘粤古道（连州段）、粤赣古道（和平段、连平段、东源段、平远段、兴宁段）、潮梅古道（大埔三河坝段、饶平麒麟岭段）、岐澳古道（珠海段、中山段）、潮惠古道（惠东高潭段、海丰羊蹄岭段）和罗浮山古道等具有代表性的古驿道开展写生创作。

艺术家们在探索绘画艺术的同时，更加深入地了解到当地厚重鲜活的历史文化，与乡村的田园风光形成自然美景的深度融合，开启了艺术创作与文化融合的有益尝试。11月初，我有幸参加到罗浮山古驿道进行采风写生创作的活动。相对于以往的写生而言更具特殊的意义，我与美院的师生们深入罗浮山，领略到了罗浮山的自然风光及历史文化遗产，也让我们深深感受到了岭南文化、中医文化在当地的传承和发展！

采风写生回来后，艺术家们再进行了精心创作，这一幅幅具有古驿道特色的作品，有的是描绘南粤古驿道古乡村的美好画卷，亦有的是展现古驿道沿线美丽的景色，也有的是围绕着红色文化的写生创作作品，这些美术作品表达了艺术家对古驿道的体会和理解，挖掘出南粤古驿道沿线深厚的历史文化内涵，同时也让古驿道在当代文化语境中再次焕发生命力，也很好地激活和传播了古驿道精神。

这是一次自然、历史与心灵碰撞的文化之旅。南粤古驿道所唤起的传承岭南历史文化的意识和责任感在我们的心中激荡回响。

第四节
古驿道的自然资源

梅关古道的自然资源

梅岭得名的另一说法是其梅树多，故称梅岭。梅岭的梅花树遍布岭南岭北，每到冬天梅花怒放，漫山遍野，成了梅花的世界。“庾岭寒梅”是我国历史上有名的四大探梅胜地之一，梅岭的梅花有两个特点：其一，据《南雄府志》记载：“庾岭梅花微与江南异，花颇似桃而唇红，亦有纯红者。岭上累经增植，白者为多。”其二，由于岭南岭北气候的明显差异，出现了南枝先开，北枝后放，界限分明的奇景。北宋著名文学家苏轼登梅岭赏梅赋诗云：“梅花开尽杂花开，过尽行人君不来，不趁青梅尝煮酒，要看红雨熟黄梅。”他从岭上梅花到古道行人，从梅花开放到花落、梅熟都作了生动的描绘。

梅关古道是全国保存得最完整的古驿道。古道约6尺宽，路面整齐地铺着鹅卵石，道旁是繁茂的灌木丛，两侧山崖树木葱茏，层峦叠翠。

梅关植被植物众多，但梅花繁密则是独特的地方之一，自古文人对梅花题材都钟爱有加，所谓“梅花香自苦寒来”，这种经过苦寒而得的清香，那种经历严寒而不枯的高贵品格，总能被历代文人追崇，并引申出“梅兰竹菊”四君子的花鸟画精神。通过笔墨，表达梅岭，除了追溯梅岭的历史价值，其梅花的精神品格也值得一书的地方。画家温绿巍作品《梅关清晓》和袁子伟作品《梅关古道》也尝试通过不同角度，对梅花进行自我思考的描绘。

温绿巍 /
梅关清晓 69 cm × 45 cm

袁子伟 /
梅关古道 69 cm × 45 cm

张娉婷 / 梅关古道　69 cm × 69 cm

蒋共超 / 情系梅关　68 cm × 68 cm

粤赣古道（平远段）的自然资源

平远县土地资源丰富，且土地肥沃。地带性的自然土壤为红壤，有利于发展立体生态农业和多种商品生产基地。全县土地面积138100公顷。其中，农用地127247.3公顷，建设用地7753.3公顷。

平远县是全国造林绿化先进县、中国绿色名县、省林业生态县、省用材林基地县。2016 年，全县林业用地面积 10.88 万公顷，森林覆盖率 78.35%，活立木蓄积 824 万立方米，是粤东动植物资源保护得最好的县之一。县内龙文—黄田自然保护区为省级自然保护区。根据调查，全县有野生维管植物 188 科、642 属、1300 种，由乔木、灌木、藤木、草本组成种类树种。有珍稀濒危植物 25 种。其中，属国家一、二级保护植物 21 种，省级保护植物 4 种。

传王维有一幅画《雪中芭蕉》，是中国绘画史里争论极多的一幅画，他在大雪里画了一株翠绿芭蕉。大雪是北方寒地才有的，芭蕉则又是南方热带的植物，“一棵芭蕉如何能在大雪里不死呢？”这就是历来画论所争执的重心，沈括的《梦溪笔谈》引用张彦远的话说他：“王维画物，不问四时，桃杏蓉莲，同画一景。” 千百年来，由于该画的“雪蕉”问题，使其成为我国绘画史上最大的一桩艺术公案，人们众说纷纭，褒贬不一，清金农《杂画题记》曰：“王右丞《雪中芭蕉》为画苑奇构。芭蕉乃商飙速朽之物，岂能凌冬不凋乎？右丞深于禅理，故有是画，以喻沙门不坏之身，四时保其坚固也。”钱钟书认为：“假如雪里芭蕉含蕴什么‘禅理’，那无非像海底尘、腊月或火中莲等，暗示‘稀有’或‘不可思议’。”

然而，在南方有一个现象，也许是北方从未想象的，在霜降的深秋，黎明来临时，深山的植被覆盖一层白白的霜，是常有的事，哪怕覆盖过后，可能植物会因此而枯萎。王维的《雪中芭蕉》之所以引起如此争议，怕是多数北方人，尚未见过岭南这一独特的现象。画家王玉的作品《清远连樟村写生》取材了芭蕉，虽然没有表现厚霜压芭蕉的特别现象，但作为岭南独特的植物特色，蓬勃朝气的芭蕉一样能体现出岭南风貌。而画家陈钠的作品《岐澳古道》用笔繁复浓郁，水墨渲淡错落有致，运笔挥洒自如，所描绘的水景有股浓浓的历史沧桑感。

王玉 / 清远连樟村写生　70 cm × 34 cm

陈钠 / 岐澳古道　69 cm × 69 cm

潮惠古道（海丰羊蹄岭段）的自然资源

羊蹄岭不仅有丰富的古迹和悠久的历史，而且有着秀丽的自然风光，满山遍野，茂林苍翠，清泉鸣韵，山花烂漫。长着桃金娘、算盘子、野杜鹃等灌木丛和白栎、枫、刺桐、江牡等天然树林，还出没着野山羊、穿山甲、果子狸、野山猪、毛鸡、鹧鸪、画眉等飞禽走兽。同时，这里还是一座丰富的天然药库，有金线丰、巴戟天、金银花、杜笺头等中草药，甚至连驿道石缝隙中也长有麦冬等珍贵药材。每年均有药农长期入山采药，住宿在半山中临时搭起的棚寮。

据《海丰县志》记载，潮惠古道（海丰羊蹄岭段）开凿于西汉元鼎五年（公元前 112 年），三国割据时期，因战乱而阻塞不通。东晋咸和六年（公元 331 年），此道重开。明景泰年间（1450—1456），地方政府斥资拓宽，在古道的基础上兴修驿道，于羊蹄岭顶建庵设亭，当时此庵舍，也供行人投宿，事实上起到驿站的作用。画家金仁贵的作品《羊蹄岭古道榕荫》与画家方虹的作品《古道霞光映渔舟》分别以屹立当地的古老榕树作为历史的见证物，前者通过描画老榕树的沧桑与雄壮，反衬虽然年代久远，但依然根繁叶茂的勃勃生命力。后者除了对古榕树着墨一番，远处还有几艘货船在河上航行，画外之意，古驿道作为交流的载体至今仍然长盛不衰。

方虹 / 古道霞光映渔舟　69 cm × 69 cm

金仁贵 / 羊蹄岭古道榕荫　69 cm × 69 cm

陈星 / 古道新韵　69 cm × 69 cm

南粤雄关 138 cm×34 cm
韦玉婵 /

探寻南粤历史之根，追溯岭南精神之魂
——走梅关古道有感

文 / 陈晓勤（艺术维C创始人、原南方都市报文艺记者）

一、“必须去韶关丹霞山走走”

总有人觉得，外国的月亮比中国圆。我曾经也这样想过，但工作后的一件事改变了想法：

当时我在报社担任文艺记者，负责国内外文化艺术报道。2013年6月，美国普吉海湾美术史教授洪再新来广州举办讲座，机会难得，我便委托广州美院师兄蔡涛帮忙约专访。没想到洪教授时间早已排满，他有个行程是“必须去韶关丹霞山走走”。我乘势跟了过去，打算抓住空档时间访问。

我当时有点不解，美国有尼亚加拉大瀑布，有大峡谷，有落基山，它们都比丹霞山名头大，见多识广的教授为什么非去广东一个AAAA级旅游景区不可？

当我来到丹霞山后，一切都有了答案。

我曾听说丹霞山奇绝，没想到第一次来到这里才知道“奇绝”真正的含义。丹霞山一带大概在一亿年前是一片红岩盆地，后来由于地壳上升和流水风力等作用，形成了现在能看到的大大小小高低错落的山峰，还有流水穿洞风化侵蚀形成的石拱桥。哪怕山顶不高，但沿路的石阶梯陡峭，而这些石阶梯都是人工用凿子凿出来的，真的是鬼斧神功！

只见洪教授非常开心，一路啧啧称奇丹霞山的美景，一边夸赞中国人民的智慧。我们整个旅途十分愉快，最终采访也很顺利。

这次访问引发我深思：美术史一位赫赫有名的教授远道而来中国，就是想一睹中国名山大川的芳容，而我作为广东人，有点身在福中不知福。试问，如果你连自己的国家文化都没搞懂，连自己的根都不知道在哪里，怎能一味认为“外国的月亮比中国圆”？

巧的是，同年8月，丹霞山与湖南崀山的丹霞地貌景区，被列为世界遗产地质公园，丹霞山附近的梅关古道更是被列为“南粤古驿道”精品路线，这些都再次印证洪教授的眼光以及中国文化的博大精深。

二、南粤古驿道，岭南的“超级月亮”

美国作家辛格（1904—1991）曾说：“我们正生活在一个每个人都在寻找自己根的时代。”

在岭南大地上行走，令我心醉的是古老的祠堂。因为祠堂保留了“根”的概念。翻开岭南各个氏族族谱，可以看到清晰的迁徙路线，我是谁？我从哪里来？我到哪里去？这不仅仅是一个哲学层面的命题，更是一个落叶归根的追思。

对于老祖宗来说，身体虽然离开故乡，但是心却永远怀念着故乡。

在我看来，广东虽曾被称为“南蛮之地”，“南蛮”的人不代表野蛮，这里的人身上都有一种独立、包容又具有创新的精神；而“荒蛮”的山水不等同于草木不长的穷山恶水，从文化的视角来说，“蛮荒”实际上是一种没有遭受过人类破坏的纯自然形态，是一种原生态领域的深厚大美。

最近几年，经过政府与有心人的层层挖掘和发现，广东省清理出南粤古驿道及附属遗存200多处。什么是南粤古驿道？就是古代的官道，在1913年前在广东境内用于传递文书、运输物资、人员往来的通路。由于商旅络绎不绝，产生了众多繁华的城镇，还创造了辉煌的文明。

截止2019年4月，广东省列出13条南粤古驿道重点线路，包括梅关古道—乌迳古道、西京古道（乳源段）、广韶古道（从化段）、秦汉古道（连州段）、湘粤古道（连州段）、粤赣古道（和平段、连平段、东源段、平远段、兴宁段）、潮梅古道（大埔三河坝段、饶平麒麟岭段）、岐澳古道（珠海段、中山段）、潮惠古道（惠东高潭段、海丰羊蹄岭段）和罗浮山古道等。古驿道两侧各5公里范围之内的贫困村也高达1320个，约占全省2277个贫困村总数的60%，这些数据都足以引起大家去“打捞”它们的民俗、名人典故、特色产业。如果将这些历史挖掘出来，就能找到我们的文化自信。找到属于岭南的超级月亮。

三、到梅关古道寻根

在我登门造访的丹霞山旁边，不到20公里，有一条南粤古驿道重点线路——梅关古道（也称梅岭古道），这也是全国保存得最完整的古驿道。

梅关古道开凿于唐开元四年（公元716年），是古代官道“京广驿道”中唯一的陆路，在历史上承担了重要的交通作用，被誉为古代“海上丝绸之路”的陆路地标。

恰巧的是，这座古老的关楼正处于江西与广东的交会点，它的一侧是岭北，另一侧就是岭南，如果你来到这里，就能出现一步跨两省的有趣现象。

梅关曾是秦始皇的古战场，也是革命战争年代红军多次战斗过的地方，特别是陈毅同志带领部队在这一带坚持了三年游击战，并在临危之中写下了壮志凌云的《梅岭三章》，“取义成仁今日事，人间遍种自由花”，读起来心情澎湃，荡气回肠。

来到梅关，不得不提古驿道两侧的梅花，一到冬天梅花怒放，漫山遍野，如果你早春过来，便能领略那缥缈浮动的幽香，疏影横斜的风韵。

历代迁客骚人如汤显祖、苏东坡、文天祥、戚继光等，写下了很多吟咏梅岭、梅关、古道及梅花的诗文，计有三百多首（篇）。1101年左右，北宋被贬的官员、诗人苏东坡也曾登梅岭赏梅赋诗云：“梅花开尽杂花开，过尽行人君不来，不趁青梅尝煮酒，要看红雨熟黄梅。”

梅关古道不仅吸引诗人，也吸引了一帮当代画家。为了推进古驿道传统文化精神的活化利用，2018年10月起，“华南最高艺术学府”广州美术学院中国画学院师生团队先后深入8处有代表性的南粤古驿道进行采风写生创作之旅。梅关古道便是他们的第一个采风点。

“当踏上梅关古驿道，重塑历史文化之旅，看着古驿道两旁古旧建筑的一砖一瓦，脚踏着古道斑斑坑洼的光滑石面，感受着历史痕迹带给我们无限遐想。”广州美术学院山水专业教师、艺术研究院在读博士陈水兴这样描绘道。

确实，作为全国保存得最完整的古驿道，梅关古道约6尺宽，路面整齐地铺着鹅孵石，道旁是繁茂的灌木丛，两侧山崖树木葱茏，层峦叠翠。岭下可见古人用来喂马的饮马槽，古道旁修建了一座半山亭，又名来雁亭。据说过去沿途有记录了古代名人志士的名言诗句诗碑136块，可惜现存不多了。

可见，记录历史是多么重要。

在艺术家、韶关学院美术与设计学院教师陈勇看来，这次写生的目的，“不仅是描绘梅岭没有的景色，更是表现梅关古道深厚的文化内涵。”

观陈勇的作品，远处崇山峻岭下，梅关古道的千年牌匾屹然不倒，近处的红梅漫山遍野，开得甚是灿烂。路人置身仙境下，或是抬头赏梅，或在斑驳古道上赶路。看了此画，恨不得身在此山中。

参与这次采风的艺术家金仁贵说，“作为一名艺术人，需要发挥自己的一份光与热，留住历史的根脉，传承南粤文化。活化利用古驿道流淌的文化，并使其融入现代生活中，赋予它新的时代色彩。”

这一条条古驿道，通过艺术家的神来之笔，形象生动地描绘出岭南历史文化和地域风貌，可以说，这次写生采风之旅，是一次自然、历史与心灵碰撞的文化之旅；是一场探寻南粤历史之“根”，追溯岭南精神之“魂”的心灵旅行；也是岭南文明的一次传承与书写。

第 三 章

CHAPTER THIRD

探源古道、振兴乡村
——师生调研记录

古驿道似一杯老酒，漫长的时间沉淀只会让其更加醇香。我们领略的不过是南粤古驿道的剪影，但却被其深厚底蕴所吸引，也为其现状与发展而思索。此次调研，我们携手追寻了凝聚侨胞们家国情怀的文物佳话，探究了浮月、古鹤、雍陌、唐家湾等地的文化遗址文物。时间流逝也不会淡化人们对传统文化的热爱与守望的初心。

相约古道行，寻历史之根
——南粤古驿道文化调研小记

文 / 金雯（华南师范大学）

乙亥暑假，我同广州美术学院国画学院和华南师范大学师生一行相聚南粤古驿道，赴一场历史文化之约。短短数日，我们跋山涉水，将足迹留给了台山、中山与珠海三座美丽的城。现回想，调研途中的一切都不是浮光掠影。古道边相遇的人，古道旁摄下的景，古道上承载的悠悠岁月，都深藏于脑海。稍追忆，古道上的种种，如蒙太奇般，浮现眼前。

调研第一站——江门台山

乘着夏天独有的晨风与细雨，我们去往第一站台山。沿着曲折的小道，我们踏上了台山古驿道。旧时的路已整修填平，但沿途的景依旧缓缓述说着风土人情。

“浮壹凤阁出富贵，月殿龙楼产英雄。”朱红的牌坊立于静谧之中，“浮月村”三字更令人浮想联翩。这是古驿道沿途的侨乡之村，处处体现着古驿道连接的丝绸之路文明。侨民们将西式建筑与岭南民居巧妙结合，建起了美观雅致的西式阁楼，也就是我们常提的碉楼。苍绿的田野中央，立着栋栋方正而笔直的石楼，白墙早被逝去的光阴染成暗黄色，不变的只有那一排排规整的窗。在这些凤阁龙楼中，也走出了许多渡洋出国的创业青年。他们既是开拓了古驿道海丝路的部分先行者，也是著名的“ 台山洋楼 ”的缔造者。这一座座石楼融汇了观赏和防御功能，在那兵戈戎马的时代，保卫着当地的中华儿女。战火早已云烟，留下的是淳朴民风。因为大雨连绵，我们躲进村中的餐馆。餐馆老板娘热情招呼我们，给我们倒一杯热茶，并为我们娓娓道来她与古驿

林江山 / 速写

道的故事。当年的她独自踏上古道外出闯荡，当年的她披星戴月踏上古道回家，不论是汗水与辛酸还是成功与喜悦，古道它都见证着。

接着我们来到了海口埠文化街的博物馆，“银信寄温情，文明传古今。”这所博物馆通过收录数百份海内外民间机构的汇款暨家书，记录了许多南粤古驿道的历史渊源，也展示了从清末到改革开放的社会变迁。一封封循着古驿道邮寄的银票信，承载着海外侨胞的浓浓乡情，一份份从海口埠涌进祖国的侨汇扎根在异乡华人振兴教育、创办实业的梦里。

调研第二站——中山

调研的第二站，是中山段的岐澳古道。此段驿道的精髓，在于两个百年古村落：古鹤与雍陌。中山市三乡镇的古鹤村是有着近八百年历史的文化古村，相传古时

有许多雀鸟在古鹤村山林中栖息，众多鸟类中以白鹤居多，由此得名“古鹤”。穿梭在古鹤村中的石板路间，踏着一块块不平却又坚实的石板，不禁思潮起伏，百年间的人来人往声与哒哒马蹄声仿佛萦绕耳畔。古鹤村的修缮工作还在进行中，现在还未完全对游客开放，因此稍显冷清。五百余米的石板路，两边是古朴的老建筑，依稀能透过斑驳的雕花看出它们全盛时期的精致。我们采访了古鹤村文化建设负责人，从他们的描述中，我们了解到当地古驿道活化工程进度高达 90%，有望在下半年完工。古鹤村因为修缮规划问题并未对外开放，因此客流量极少，当地旅游业的发展也并不成熟。旧时，古驿道是古鹤村的希望，如今亦是。村民与村官都希望在活化利用的工程下，驿道能重获新生也继续滋养村落。

雍陌村坐落在离古鹤村不远的地方，沿着大马路直直往前走就能看到醒目的牌坊。雍陌原村址在今中山温泉宾馆溜冰场处，因始祖姓洪，曾称洪化村。后迁现址，村民多姓郑。清光绪《香山县志续编》及《郑氏雍陌房祖谱碟》载，郑菊叟第九世孙，名子纲，号雍陌，于明朝从桥头迁此。后人为祀先祖，在村西建雍陌府君庙，并以雍陌为村名，沿用至今。令人心痛不已的是，我们所看到的雍陌，充斥着无神的现代气息。如那一栋栋崭新的现代化民居和冷硬的水泥地，如那弯弯绕绕的小巷中屈指可数的石板，几乎让人看不出古驿道的痕迹。

雍陌村的古道和其文化建设大部分已经湮灭在历史的浪潮中，这与古鹤村截然不同。原来，这里也曾有像古鹤村一样的兀兀石板路，随着历史的变迁，如今这些

林江山 / 速写

石板已经被水泥覆盖，难寻踪迹。因为薄弱的文化保护意识，因为沟通不及时导致的抢建。只有旧码头的遗址还能让我们依稀窥见当年的古道风貌。

中山段的古驿道给了我们惊喜亦给了我们惋惜。惊喜于一段文明的保存与挽留，惋惜于一段岁月的无迹可寻。这也给了我们忠告与警示，对珍贵文化遗产的保护，需提前敲好警钟与详细做好沟通，因为一旦破碎，此镜将无法重圆。

调研第三站——珠海

“长亭外，古道边，芳草碧连天。”诗中的意境是如画般美的，而珠海的长南迳古道就有此诗中的意境。告别台山与中山，我们前往调研的最后一站，与长南迳古道相汇。其中的香山古道与会同村，更是小有名气。古色古香的驿站设在古道的起点，砖木灰瓦的传统广场正在施工当中，力求还原当年古道驿站的真实场景。

我们为体验旧时的路，跟随南粤古驿道的工作人员攀登香山。一行人，拾级而上，时为斜坡段，时为平缓段，但不变的是沿途的青山绿水与鸟语花香。潺潺流水顺着石板路两边轻轻流淌着，给这燥热的夏日带来了丝丝清凉。这里的山泉涓涓不绝，一处连着一处，或穿梭于石板之间，或因为地势的落差形成了跃动的小型瀑布，驿道的人文气息与自然之美融洽地结合，有种天人合一的韵味。

带队的小田参与了香山古驿道的修复与活化，一路上遇到景点，就会眉飞色舞地讲解，像炫耀玩具收藏柜的小孩一般快乐与自豪。

“石板路里的石板都保存了原貌，因为这些都是先人踏着山路一块一块运上山的。”

“这座拥有三百多年历史的古桥，建筑工艺精细，结构紧凑，桥面平整，桥梁设计为梭形以减少流水对桥基的冲击力，都是古人智慧。”

“看那汪泉水，可不是我们人工挖的，是天然的哦。当时工作人员路过，看到一对蝴蝶在池子边戏水，于是取名蝴蝶泉。”

金仁贵 / 速写

金仁贵 / 速写

曲径通幽处，禅房花木深。穿行在长南迳古道中，脚踏岁月留痕的古石板，沿途深壑翠柏、飞瀑流水，心异常宁静。山间又设“ 摩崖石刻 ”“ 萦台远眺 ”“烟波潮涌”等景点，既能满足市民爬山和享受野外自然风光的需求，又能让游客体会到修复并活化后的古驿道蓬勃的生命力。

古驿道似一杯老酒，漫长的时间沉淀只会让其更加醇香。通过三座城，我们领略的不过是南粤古驿道的剪影，但却被其深厚底蕴所吸引，也为其现状与发展而思索。此次调研，我们携手追寻了凝聚侨胞们家国情怀的文物佳话，探究了浮月、古鹤、雍陌、唐家湾等地的文化遗址文物。时间流逝也不会淡化人们对传统文化的热爱与守望的初心。愿南粤古驿道文化的流光溢彩，终有一天，被世人所看到。

台山海口埠·调研实践记录

文 / 华南师范大学“古道粤行”调研团队

粤港澳大湾区的号角已吹响，新时代的青年应响应党和政府的号召，为发掘粤港澳经济文化资源而奉献自身的力量。

岭南地区的古驿道文化历史悠久、范围广阔，其历史文化价值和潜在前景都相当可观。经过长达2个月的准备后，华南师范大学古道粤行暑期调研团队确定以“探源古道、振兴乡村”为主题、以“台山—中山—珠海”为路线探寻古驿道，开展一场充满活力的实地调研活动。

浮月村

“浮壹凤阁出富贵，月殿龙楼产英雄。”怀揣着憧憬和热忱，我们抵达了第一站——浮月村。这里是古驿道沿途的侨乡之村，跨越古驿道连接的海上丝绸之路，侨民们将西式建筑与岭南民居巧妙结合，建起了美观雅致的西式阁楼——碉楼，一种兼备防卫、居住功能，融中西建筑艺术于一体的多层塔楼式建筑，19 世纪末 20 世纪初发展成为表现中国华侨历史、社会形态与文化传统的一种独具特色的群体建筑形象。

古朴的碉楼寂静地伫立在田野中，无声地叙说着峥嵘岁月的沧桑，在这些凤阁龙楼中，也走出了许多渡洋出国的创业青年，他们是开拓了古驿道的部分先行者，也是著名的“台山洋楼”的缔造者。著名的碉楼融汇了观赏和防御的功能，在那兵戈戎马的时代，保卫了当地多少中华儿女，战火随时代的潮流而消逝，留下的是淳朴的民风。热情的老板娘招呼我们进餐馆避雨，偶遇的游客一家也欣然接受我们的采访，餐馆老板娘诉说着当年的个人事迹，独自踏上古道外出闯荡，游客一家专程带着儿子来感受古村的文化魅力，也感叹着这地方的美还不为大众所广知。

然而，受到天气影响，这一路上我们都很少看到人，精致的洋楼与自然的田园景色相映成趣，颇有“结庐在人境，而无车马喧”的清幽，也许只有那海面上的一轮浮月，才知晓这些洋楼的寂寥。

侨人行道古，情寄海口埠

随后，我们来到了海口埠文化街博物馆，这里收录了数百份，海内外民间机构的汇款暨家书，所谓“银信寄温情，文明传古今。”这些物件记录了许多南粤古驿道的历史渊源，勾勒出了从清末到改革开放的社会变迁脉络。

一封封循着古驿道邮寄的银票信，承载着海外侨胞的浓浓乡情；一份份从海口埠涌进祖国的侨汇，扎根在异乡华人振兴教育、创办实业的梦里。先人们曾踏着古

驿道，来到被称为“出洋第一港”的海口埠，奔赴海外大展宏图；如今的台山人民在此立起20根银信柱，建起主题分明、蕴含丰富的博物馆，记录下那段岁月的人物事迹。

在随后的采访中，我们也认识到保护和开发古驿道文化遗存的不易，当地接连进行了几期工程的开发，许多简陋的老建筑也在逐一搭架重修。看着焕然一新的文化街，我们对古驿道的未来充满期待，正如当地的居民和前来参观的游客一样。

古道通新院，世传梅家人

大院于1931年由归国的梅姓华侨和侨眷等创建，四十亩广场在周围环绕着，兼具异域风情和中国传统艺术的建筑群，历经70余年的风风雨雨，依然保留了最初的完整形貌。在这里生活的几代人，见证了中外特色民居的兴建、《让子弹飞》等著名电影的取景、特色小吃的外销……但无论是对我们还是其他游客，此地居民都是那么平易近人，即使不做生意，倒一杯清茶坐下来慢慢品尝，如同聊家常一般地同你娓娓道来。

尽管这一项目的建设仍处于初步阶段，但文化展示、观光旅游、商业开发的综合模式，已成为梅家大院的一张响亮的名片，越来越受到人们的青睐。

台山市的傍晚来得悄无声息，不知不觉中我们结束了7月10日第一次调研采集。调研仍在继续，步伐不会停止，明天古驿道的路上还会有我们的身影！

岐澳古道（中山段）· 调研实践记录

文 / 华南师范大学“古道粤行”调研团队

古道循行，鹤声高迴

中山市三乡镇古鹤村是有着近八百年历史的文化古村，相传古时有许多雀鸟在古鹤村山林中栖息，众多鸟类中以白鹤居多，由此得名“古鹤”。现在的古鹤村辖区面积5.6平方公里，全村常住人口1172人，外来人口8000多人，旅外华侨、港澳同胞超过3000人，是中山市侨乡之一。

尽管经历了800余年岁月的洗礼，现在的古鹤村中的石板路依旧还保存着原有的面貌，以最好的姿态呈现在世人面前。由于修缮工作还在进行中，目前的古鹤村尚未完全对游客开放，因此，在我们到达这里的时候，还略显冷清。踏在长达500余米的石板路上，调研队伍细细观赏了两边有着历史包浆的古朴建筑，斑驳的雕花仍然闪烁着它们曾经的辉煌。

历经了岁月的变迁，古驿道部分文物已经被破坏，幸存的无疑都是极其珍贵的历史遗存。古道弯弯绕绕，峰回路转，一块高大的牌坊呈现在我们面前，据老师介绍，原本这种牌坊是有一定数量的，但因战乱动荡等历史原因，许多牌坊已经被破坏了，而这完整的一块牌坊，也已经成为了古鹤村的一张名片，乐善好施正是古鹤村淳朴民风最恰当的证明。

我们采访了古鹤村文化建设负责人，从他们的描述中，我们了解到古鹤村的古驿道活化工程进度高达90%，有望在下半年内完工。沿途走来，我们也看到了大部分的建筑已经得到修缮，少部分还在施工中。古鹤村因为修缮规划问题并未对外开放，因此客流量极少，当地旅游业的发展也并不成熟。古鹤村希望能够通过发展旅游业和相应服务业来带动经济的发展。我们也相信古鹤村各色各样的古建筑能够吸引更多游客，让他们更加关注和支持古驿道活化利用的工作！

雍隔故土，陌上桑田

雍陌村，坐落在离古鹤村不远的地方。雍陌村的古道和其文化建设大部分已经湮灭在历史的浪潮中，这一点和古鹤村截然不同。这里一栋栋崭新的现代化民居和冷硬的水泥地，几乎让人看不出古驿道的痕迹。弯弯绕绕的小巷中，只能偶尔看到极少的石板。原来，这里也曾有像古鹤村一样的石板路，随着历史的变迁，如今这些石板已经被水泥覆盖，难寻踪迹。

幸运的是，旧码头的遗址还能让我们得以窥见当年的古道风貌。此处遗址曾是雍陌村古驿道路段的起点，很难想象，在遗址对面的地方曾是一片汪洋大海。当年出洋打拼的第一代华侨，便是在这里乘船前往香港、澳门或者出国，往来者不胜其数。正因为这一条古道，为无数古人打开了另一个全新的世界。其中，就包括一代伟人孙中山先生，这里也留有他过往的足迹。据记载，在辛亥革命胜利后第二年，1912 年 5 月 27 日，孙中山先生返乡，便是从澳门经岐澳古驿道回到了家乡翠亨村。

岐澳古驿道（中山段）不仅留下了伟人孙中山的足迹，同时也存有早期维新派郑观应先生的故居。雍陌村内的郑观应故居，向我们展示了具有中山清代的雕刻艺术特色。木雕、墙画无一不美轮美奂，也向我们尽情展示着它们的风采。

据中山日报称，岐澳古道三乡镇雍陌段修复提升工程预计 2019 年 12 月动工。建设内容包括：石板街重修、东驿站旧楼改造、西驿站旧楼改造、鼓冈郑公祠及部分危房修缮、雍陌公园、沿街围墙改造、古井修缮、绿化及配套市政工程等。我们也期待能够看到雍陌村古道路段未来能够得到修复重建和活化利用，重现昔日古驿道的风貌。

7 月 11 日这一天的调研工作之行到这里便悄然落幕，我们既满足于欣赏古鹤村保存完整的古道路段，也痛惜于雍陌村现已面目全非的石板路。与此同时，我们感受到古驿道保护和开发工作的紧迫，也发觉到相关单位和工作人员的不懈努力。我们真诚地希望我们的调研能为古驿道的活化利用工作贡献出我们的一份力量。我们的步伐绝不会停止！

岐澳古道（珠海段）· 调研实践记录

文 / 华南师范大学“古道粤行”调研团队

驿动香山，古道纪行

长南迳古道南连位于今珠海香洲区前山的长沙圩，北接位于今中山的南朗圩，是古时南朗、上栅、官塘等村民往来于前山、澳门的主要通道。开路年代不详，于清雍正三年（公元 1725 年）重修。现存保留路形地貌较为完整段为前山东坑村至唐家湾镇官塘村，全长约 6 公里。这条线路也是香山古驿道的精华段，是 2018 年广东省南粤古驿道 11 条重点线路之一。

一边欣赏着自然风光，一边攀越着石阶，我们抵达了聚贤亭稍作歇息。趁此间隙，我们采访了行人与南粤古驿道修建的工作人员，了解到现在的长南迳古道结合了观光旅游、野外考察、运动写生等使用功能的需求，打造了众多包括石凳、古亭在内的基础设施，赋予了古道新的内涵，备受好评。

在专设的观景平台上极目眺望，高山石壁相对而立连绵不绝，古木苍翠、松风波涛相映成趣。此景具“层峦耸翠、上出重霄、飞阁流丹、下临无地”之境界，清风徐徐，令人心旷神怡。长南迳古道路段架有一座拥有 300 多年历史的古桥，其建筑工艺精细，结构紧凑，桥面平整，桥梁设计为梭形以减少流水对桥基的冲击力，尽显古人智慧。

凤临会同，凰鸣唐湾

会同村位于珠海市金鼎镇，当年的鲍、谭姓乡人们循着岐关古道来到这山清水秀的地方，耕耘了一片丰饶的农林田园，在此安居乐业。如今村庄山环水绕，花草树木依旧繁茂，生机盎然，如宋代词人笔下的“山泼黛，水挼蓝，翠相搀”，难怪有“世外桃源”的美称。

这里遍布着岭南特色的古建筑，既有如栖霞仙馆的清代民居，又有调梅祠等古祠堂，无不是雕栏玉砌、青砖飞檐、门墙绘制壁画，一静一动的姿态相互映衬，伴着庭院楼阁，充满古雅的美感。

清末时期，当地富裕宗亲归国投资，吸收先进西方建筑理念进行严格规划，形成了坐东向西、三街八横巷的棋盘式格局。西式的碉楼建筑屹立其中，陈年的弹孔和保存良好的民居植物形成鲜明对比。虽然侨胞文化、中西合璧等特色不及台山市的浮月村那么浓厚，但两者的历史渊源和发展都有不少相似之处，可见古驿道文化对周边城镇的影响具有一定的普遍性。

在珠海市政府的高度重视下，会同村的历史文化资源正在逐渐得到活化。20 世纪初以来，珠海市政府大力投资进行宣传和开发，耗资数百万建设当地的公厕等基础设施。名声逐渐传开，许多游客慕名而来，即使我们调研的时间并非周末，在村子里也会频频遇见成群的游客。

会同村的发展成果是显而易见的，古驿道的活化开发提高了交通的便利程度，当地餐饮、民宿商铺增多，催生的旅游业带动了当地经济的发展，居民收入相比过去也实现较大增长。

古溪潺潺，共乐唐湾

告别会同村后，我们来到同为珠海市政府大力支持和开发的旅游名镇——唐家湾镇。唐家湾镇位于珠海市香洲区北部，此地不仅有呈南北走向的长南迳古道遗址，由唐家湾镇官塘社区至前山东坑村，穿越凤凰山，南北全长约 5 千米，官塘至前山东坑分界处约 2 千米。

唐家湾镇地理位置优越，交通便利，人口较多，经济发展也相当成熟，2015 年工业实现产值 189.1 亿元、增加值 41 亿元，分别同比增长 45.5% 和 25.2%，增速居全市第一。此外，这里的文化旅游业也形成了一定的规模和体系，有共乐园、唐绍仪故居、苏兆征故居、唐家三庙抗日纪念碑等著名文化景点。

感受了共乐园的独特魅力后，我们又来到园内的唐绍仪纪念馆，了解了这位著名民主先驱的壮阔生涯和精神品质。

至此，走完了珠海古驿道的最终站，我们古道粤行小分队的调研工作之行就到了落幕的时候。

古驿道就像一杯老酒，经过漫长的时间沉淀后越发醇香。在类长南迳古道的都市化地区，古驿道的修复活化更紧密地与公众的休闲娱乐需求相结合。我们也发觉会同村古道衍生商业的发展模式已经趋于成熟，看到了古驿道以线性文化遗产保育活化带动沿线村庄社会经济发展的潜力。相信古驿道能够带给我们更多惊喜，长路漫漫，你我携行！

后　记

POSTSCRIPT

后　记

文 / 金仁贵

南粤古驿道是广东历史发展的重要脉络，记录了岭南发展的历史轨迹，承载着众多文化遗产。如今古驿道虽已不再是交通要道，但仍以另一种形式存在着。早已与古道融合的自然风光、民俗文化、历史故事与人文情怀等依旧在延续，仍然充满活力，并且给时代的发展带来深远的意义。为落实习近平总书记关于文化自信和“让陈列在广阔大地上的遗产活起来”“留住历史根脉”等重要讲话精神，积极响应实施国家“一带一路”的战略和增强广东文化软实力的重要举措，省自然资源厅委托广州美术学院开展南粤古驿道美术写生创作课题研究，为进一步挖掘南粤古驿道丰富的自然资源和深厚的历史文化内涵，展现南粤古驿道沿线乡村魅力，打造自然美景与历史文化深度融合的文化艺术名片。

自 2018 年 10 月份以来，广州美术学院中国画学院张彦院长带领课题组师生成员先后深入梅关古道、乌迳古道、潮梅古道（饶平麒麟岭段）、樟林古港、潮惠古道（海丰羊蹄岭段）、罗浮山古道、肇庆西江古道、粤赣古道（平远段）、台山海口埠、岐澳古道（中山段）、香山古道（珠海凤凰山段）等具有代表性的古驿道进行调研和写生创作活动，用笔墨记录历史，将古驿道现实场景的视觉感受转换成艺术作品，体现人与自然的最直接关系。课题组所有的写生创作作品都承载着作者对中国文化的解读，并构成心识，再转换成一种艺术图式，力求让更多的人感受到南粤古驿道历史文化遗产的独特性和稀缺性。课题组师生成员通过对传统文化的传承与创新，挖掘文化价值，坚定文化自信，增强本土文化的力量，提升广东历史文化遗产影响力，让古驿道文化遗产重新焕发生机。

中国画是通过笔墨以不同的点和线合理布局、相互映称，以描绘形态的方式来表达某种思想内涵，笔墨本身具有独立的生命性，承载着社会历史形态和审美理念。因此，中国画的体现不仅仅是物象的描绘，更多的是作者思想理念的本身。意识与主观情感是中国画的主体，故有“外师造化、中得心源”之说。此次水墨图式的展现意在通过笔墨形态来表达各自对古驿道所见所闻独特的情感和理念，重塑南粤古驿道价值，促进乡村振兴与文化传承。

调研写生期间，师生们潜心感受驿道上的人文历史、自然美景、田园风光、古建筑、传统民俗文化及近代红色文化，力求通过不同的方式和视角来表达其对古驿道的体验和感悟，同时让人们感受到红色文化的精神鼓舞人心的力量。古驿道上特有的古建筑和和其他文化遗产，是先民勤劳与智慧的见证，也是百世周宗家族传承文化的纽带。古村落通过其独特的建筑布局、空间组合、装饰装修反映和隐喻不同民系文化精神，表达出岭南地区文化的丰富多样，最直接体现了中华文化的民间情感、民族气质及文化的多样性。红色文化具有可以让人深入了解革命先驱为中华民族的发展做出贡献的重要历史意义，唤起人民对革命先烈的缅怀之情，传承与弘扬革命精神，不仅能加强人民的爱国情怀，更能增强对国家和民族的认同感与自豪感。

课题研究中期，课题组师生成员精选了部分作品分别于肇庆市砚洲岛和广州市天河体育中心举办了南粤古驿道“古道遗韵”中期汇报展。后期在广州美术学院大